与最聪明的人共同进化

CHEERS

HERE COMES EVERYBODY

U0641022

5%

TOP 5%
领导者的
高效管理秘诀

AI分析でわかったトップ
5%リーダーの習慣

[日] 越川慎司　著

班健　译

浙江教育出版社·杭州

测一测

你是否了解 TOP5% 领导者的高效管理秘诀?

扫码鉴别正版图书
获取您的专属福利

你是否了解 TOP5% 领导者
的高效管理秘诀?
扫码获取全部测试题及答案

- TOP5% 领导者会更优先考虑（ ）能否达成目标。
  A. 个人
  B. 团队

- 为了让团队充满活力，TOP5% 领导者往往采用以下哪种做法?
  A. 通过夸赞激发他人能量
  B. 成功后反复总结"为什么"
  C. 佯装闲暇，让员工主动来交流
  D. 以上全部

- 以下属于 TOP5% 领导者的特质的是:
  A. 走路速度比一般人快
  B. 会分担团队成员的情绪，建立信赖关系
  C. 自己的发言时间长，互动问答时间短
  D. 做决策全靠碰运气

扫描左侧二维码查看本书更多测试题

比起管理过去，
领导者更应引领未来

　　彼得·德鲁克（Peter Drucker）在其著作《卓有成效的个人管理》（*The Essential Drucker on Individuals*）中写道："领导者要明确并能确立团队的使命。"有不少人认为领导者就是在团队中起带领作用的管理者，其实不然，领导者是一个团队中应该具备的"精神力量"和"执行力量"。

　　团队或许需要那些善于完成别人交代下来的任务的人，因为他们踏实肯干。但如今世界瞬息万变，在这个连什么是"正确行为"都搞不清楚的时代，一个"只会完成别人交代下来的任务的人"，反倒是个麻烦。当今社会规定了人的最长劳动时间，甚至对上下班时间都做了规定，但同时，社会也要求人们不断创造新的成果。一个人若不去提高获取信息的能力，不主动行动，就会被淘汰。

我们如何才能适应外部环境的变化，从而更灵活地生存下去呢？

这个问题，也引起了 81% 的商务人士在身处新型冠状病毒感染的大环境中，对生活方式和劳动意义的思考。2020 年 12 月，我担任法人代表的 Cross River 公司对 2.8 万人进行了调查，通过调查我们发现"出勤≠工作"，并意识到"工作＝发挥价值"。然而，只改变认识并不足以应对变化。

人们常常把领导者混同于管理者，视领导者为"处于管理层的人"，这其实是不对的，我个人并不喜欢管理者这个词。当然，团队成员的工作时间、健康情况、工作动机确实需要加以管理，但"管理者"总让人感觉这个人是在管理过去已有的事情。

　　我更关注未来。我常常思考，今后的世界会是什么样子，我们怎样才能更好地工作？身处团队经营层和一线生产层之间的领导者，更应该面向未来思考。

　　目前，Cross River 公司参与了 800 多家公司、共计 17 万人次的工作方式改革，练就了我们看人识相的本领："这人一看就是天生的领导者！""我想在这个人手下工作！"

　　这样的领导者会着眼于公司外部。他们不会闭关自守在公司内部的封闭环境中，而是广泛收集信息，从社会层面高瞻远瞩，并率先身体力行。他们收集的信息准确度能达到 70%，并且他们能将收集来的信息迅速转化为行动。有时，他们还会有与别人背道而驰的行为，以致被认为是怪人。他们或许故意放慢步伐，或许以奇怪的方式接话茬儿，或许表现出很闲的样子，这些行为经常会让公司的同事觉得"他真是个奇怪的人"。

　　但最与众不同的不是这些人的性格、言行，而是他们的成绩。他们不仅仅是"创造了突出成果的人"，更是"缔造了一个不断创造突出成果的团队的人"。

优秀的领导者不单打独斗，而是带领团队不断解决复杂的问题。他们能保证即便优秀员工突然离开，也不会影响团队运作，且最重要的是，他们能让所有的团队成员感受到工作的价值。我认为改革工作方式的目标，在于"公司发展和员工获得幸福感的和谐统一"，能实现这个目标的领导者才是今后时代所需要的。

我们于 2020 年出版的《5% 职场精英的工作习惯》一经面世就好评如潮，销量大大超出预期，因此我们决定推广到其他国家。该书的调查活动是在新型冠状病毒肺炎疫情发生之前进行的，而 Cross River 公司在这之后也继续进行了调查、分析，虽然不能进行面对面采访，但我们通过远程连线、线上会议等形式，顺利地收集到了调查对象行动轨迹的数字信息，积累了大量数据。

虽然远程办公也能让人维持良好的人际交流，但很多商务人士仍感到把分散在各处的团队成员聚集起来，开展协同工作，是非常困难的。

于是，我们就想到了策划这样一本书，研究引领未来的领导者的真实状态，并分析身处新型冠状病毒肺炎疫情的大环境下依然取得了比疫情之前更大成绩的人的行为。在和日本 *Discover* 杂志编辑部交流之后，我们很快决定了出版事宜。

想要在竞争激烈的时代生存下去，人们需要做出更多的行为选择。下雨天不骑自行车，而是乘坐公交出行；担心患上代谢综合征，就要考虑控糖的饮食方式。同理，我们也在尝试远程办公方式这一新行为，从而保证业务的发展。面对增多的行为选择，我们只能不断进行各种尝试，并确定适合自己的那一种。在不断尝试各种有着细微差异的行为方式的过程中，我们有时会有新的发现——"啊，没想到这个办法这么好"，进而改变我们的行为，并最终改变我们的观念意识。

尽管如此，在这个变幻莫测的世界，也有很多商务人士没有精力在行为实验上花费时间。他们"那一眼望到退休"的上司，为了不改革工作方式所使出的各种招数，已经让这些人疲惫不堪。所以，他们希望能从被各公司人事评价为"TOP5% 领导者"①的言行中学习，和TOP5% 领导者一样取得突出成果。

本书应用 4 家公司的 AI（人工智能）服务进行了大量的数据分析，但本书并不是一篇研究论文，而是一份为商务人士排忧解难的指南。其中汇总了一些极易模仿的工作方法，以便让忙碌的读者也能轻松改进方式方法，取得成果。做一项实验并从中分析出工作方法需要花费 1 400 多个小时，但读者只要花费几个小时通读完本书，就能获得这些方法。

本书的目的不是让大家"知道"，而是让大家"做到"。但请不要一开始就将所有方法一一实践，因为拒绝未知事物是人的本能，对未知的无知会带来一种不适的体验。希望读者先敞开胸怀、拥抱未知，不必感到恐

---

① 在本书中，各公司人事评价最高的前 5% 领导者被界定为 TOP5% 领导者。——译者注

惧，即使只是做一些尝试也好。

　　"没想到还不错。"如果本书能让读者在尝试过后，有这样的意外之喜，那便实现了其意义。真心期盼本书能帮助到更多的人，让更多的人享受变化带来的成果。

AI 分析でわかった

トップ5%

リーダーの習慣

引言

发现 TOP5% 领导者

大约 20 年前，我被分配到一家大型通信公司的人事部工作，从那时起，我就对人以及工作方式产生了兴趣，并一直对此深入研究至今。此后 20 年并未出现过工作方式改革的相关法律法规出台、应对新型冠状病毒感染下的远程办公等事件，也从没有像现在这样需要能协调人才的管理者，从而推动人事领域的发展。

很多公司人事的评定考核采用 SS/S/A/B/C/D 6 级评价法，排名前 10% 的员工能得到高级别的 S 级评价。在这 10% 的高级别评价中，成绩特别突出的员工能得到 SS 级评价。得到 SS 级评价的员工并非只在某一年取得了突出成果，而是做到了持续取得突出的业绩。有的人能连续 3 年实现 120% 的销售目标，也有人即便在公司内部发生了职位变动，也能高效完成任务，他的人事评价结果并没有受到影响。很多公司在向以绩效为导向的人事评价制度转型的过程中，对员工的评价准则不再是员工的人品及其是否得到上司的青睐，而变成了能否持续获得最高评价、受到公司内外部的一致认可。只有这样的员工才会在人事评价中被认定为 TOP5%。

随着技术进步，发掘"有工作能力的人"变得更加容易。我们用数据信息的形式记录下员工的言行、成果，并用数值表示员工的满意度、工作价值、情感等内容。使用 IT 工具，能让我们轻松进行一对一交流，实现全方位的双向交流和管理反馈（指下属对上司的意见反馈）。

以往看不见的东西实现了可视化，通过定量观测，我们能做到模式化研究。例如，将邮件、短信、电话、线上会议提供的电子数据收集起来，通过 AI 服务和专业人士的分析，找到不断取得突出业绩的员工的共同点。由此，我们能发现各公司 TOP5% 精英 ① 和普通员工在言行上的不同点，还能提取出 TOP5% 精英和 TOP5% 领导者的不同点。

我们公司一直关注大数据的收集、分析，目前为止，通过对 805 家公司进行咨询，并对支持本项目的 25 家客户公司进行数据收集和验证实验，样本员工数已达到 18 000 人。因此，我们在 2020 年 9 月出版了《5% 职场精英的工作习惯》一书。

这一次，在疫情带来了新变化的情况下，我们将关注对象从职场精英（主要为一般员工）转向了管理层（领导者），进而展开了一系列调查。

我们锁定了客户公司里 1 841 名 TOP5% 领导者和 1 715 名普通领导者作为研究对象，通过面对面交流、远程访谈、在线问卷等方式展开调查。TOP5% 领导者

---

① 在本书中，各公司人事评价最高的前 5% 员工被界定为 TOP5% 精英。——译者注

的共同点在于，他们善于倾听，能适应变化，能灵活应对各种问题与状况。他们时常展现出对变化敏锐的感受力，并愿意积极做出相应调整。

下面，我将介绍在调查中实际使用的分析方法。

采用 AI 分析 + 专业人士评判的方法

此次调查灵活运用 IT 服务和 AI 服务，综合使用多种方式，进行了多类型的解析。具体的分析方法会在下文用图片加以简单说明。

步骤 1：获取数据

首先，收集作为调查对象的 TOP5% 领导者和除此之外的普通领导者的行动数据，这些储存在云端的数据包括：

- 线上会议的录像；
- 日程表等群组件的使用记录；
- App 使用记录；
- 云服务使用记录；
- 商务交谈记录；
- 邮件收发记录；
- 一套制作完成的资料文件；
- 录音数据；
- 线上问卷调查结果；
- 工作价值诊断结果；
- 过去 5 年间的人事考核；
- 公司内部调动记录。

步骤 2：数据转换

音频数据通过软件转换成文字，再进行数据化处理；也有一部分通过线上助手转换为文字。

步骤 3：数据核查、预处理

在进行 AI 分析之前，确认数据数量和准确度。通过简化处理，删除不必要的、无法识别的数据，核对有无输入或数据转换上的错误并修改。这一步骤几乎完全依靠人工进行。

步骤 4：数据挖掘

通过数据挖掘软件将文字以及转换为文字的音频数据处理为自然语言，提取出高频词和特征词。由专业人士通过交叉统计、关联分析、多变量解析等手段对 TOP5% 领导者的语言特征进行多角度分析，得到的关系图和文本分析二维图示例如图 0-1。

步骤 5：情感分析

灵活运用各类 AI 服务，将采访语音和会议录像的数据划入 8 大情感分类中，并以此为基础，辨别人在不同情绪状态下的语言表达（见图 0-2），再由专业人士结合数据挖掘的结果，对情绪进行综合分析。

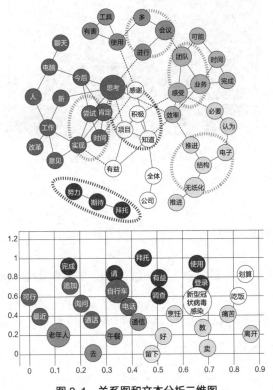

图 0-1　关系图和文本分析二维图

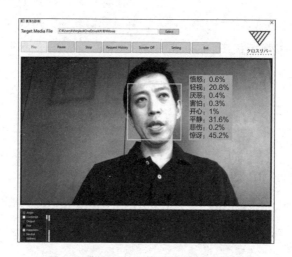

图 0-2　根据受访人的语言表达分析情绪

资料来源：Cross River 公司。

步骤 6：建模

　　利用 AI 的机器学习特点，找出 TOP5% 领导者的行为模式和规律（特征量提取）。与此同时，提取出管理层面上的普通领导者、普通员工和 TOP5% 精英的特征，以明确各模型的区别（见图 0-3）。

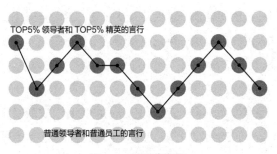

TOP5% 领导者和 TOP5% 精英的言行

普通领导者和普通员工的言行

图 0-3　建模意象图

通过以上方法和流程，归纳得到的内容就是本书：
《TOP5% 领导者的高效管理秘诀》。

采取 1 400 小时大规模调查行动

2020 年出版的《5% 职场精英的工作习惯》一书，
是基于在新冠病毒肺炎疫情之前以及初期的 4 年间
（2016—2020 年）进行的调查结果。在那 4 年里，调
查得到了很多人的支持，有些客户公司甚至主动提出配
合，表示"我们公司也想参与调查"。虽然和以前相比，
如今的工作方式和环境都发生了很大变化，但本着"分

析那些能够灵活避开巨大变化的影响，并能持续创造成果的人的特质"这一想法，疫情之下我们仍然坚持调查研究。

最终，我们得到了 25 家公司的配合，获取了超过 1 400 小时的行动记录，共计 3 556 名领导者接受了调查。

和之前对 TOP5% 精英进行调查时相比，这次调查无法进行面对面采访，但让我们备受鼓舞的是，所有的客户公司都积极配合了调查，甚至包括那些位于紧急封控区的公司。和上次一样，这次我们并没有公开调查对象名单，并让之前参与的 8 名顾问继续进行调查。需要进行对话的部分，使用 Microsoft Teams、Zoom 等工具进行线上采访；同时，收集了调查对象参加的线上会议录像和商务交流的记录。

数据的收集的确方便，但有时也产生了因远程服务故障而无法录像等问题。更加不利的是，我们难以直接观察到调查对象的喜怒哀乐，只能在采访过程中揣测对方的表情、情绪。有时，我们会感受到科技进步带来的烦恼，如 Microsoft Azure 的 Cognitive API 软件，每个月都会提高识别精确度，这就导致在时间跨度较长的调查中，前半段和后半段的结果显示会有差异，所以我们只能依靠人工的笨办法，找出这些差异并加以调整。

但科技的进步也带给我们操作效率上的大幅提高。随着将音频数据转化为文字的工具 Speech to Text API 的技术进步，仅和一年前相比，我们就已减少了相当一部分人工查找、修改输入错误及漏洞的工作量。

因为《5% 职场精英的工作习惯》的畅销，更多的人开始关心我们这一次调查。很多人会提出类似"你们的分析原理是什么"和"请问我是否属于 TOP5% 这一顶尖行列"的问题，而我们要花费很多时间来回应。

我们没想到会有如此多的人关注这一调查，这导致应对各种提问、要求的时间也大大增加。尤其是依靠人工进行的操作比我们想象得还要辛苦，一些技术人员甚至在天还未亮时就一边流着眼泪，一边努力在时限内完成任务。我自己则疲于和那些反对这项调查的人交涉，而来自竞争对手的干扰一度让我欲哭无泪。即便如此，在客户公司相关人员的配合以及 Cross River 公司员工的辛勤工作下，我们还是克服了重重困难，收集到了比原来更多的数据资料。

我们一起历经磨难，留下这样一部作品，彼此之间建立起了牢固的联系，我愿和这些人做一辈子的伙伴。我真切地感受到，通过共同的努力和经历，我们巩固了彼此的关系，我定将同诸位一起创造更好的未来。

分析 TOP5% 精英和 TOP5% 领导者的异同点

比较之前对 TOP5% 精英的调查结果和之后对 TOP5% 领导者的调查结果，可以发现两者的异同点。上次调查中，TOP5% 精英也包含了领导者，但这次我们只选取领导者对象进行 AI 分析，从而发现了几个让人意想不到的倾向特征。

　　疫情之前和疫情当下最大的不同在于交流方式。在不是以自己为主的"表达自我的交流"，而是以对方为主的"达成共识的交流"中，面对面的形式更容易发挥交流技巧的作用。在无法直接见面，使用在线会议（对方甚至不打开摄像头）的情况下，对 TOP5% 领导者的调查相对困难，但经过多次小型的行动实验之后，我们找到了成功模式。

　　在这种严峻的形势下，TOP5% 领导者追求的是"共鸣和共创"。

　　在经济差距拉大、价值观两极分化日益严重的情形下，共鸣和共创或许是今后社会发展的主题。**TOP5%领导者早已经意识到共鸣和共创的时代的到来，并采取了应对措施。不是去共情，而是去产生共鸣；不是一个人提议，而是大家一起周密思考，合作共创，这样的行动渗透在整个团队内部，才有助于团队目标的达成。**

　　TOP5% 领导者胸怀以上两个目标，对他们的调查给我带来了很大的触动。

TOP5% 领导者重视的事情

在疫情之前，TOP5% 领导者始终重视绝对的效率，追求在最短时间内实现目标。

但在这之后，远程办公方式使人与人的面对面交流变得困难，团队成员的价值观呈现出多元化的特点，TOP5% 领导者需要反复和团队成员交流，协调众人朝同一个方向一起努力。

TOP5% 领导者若想不断创造成果，就要和成员多交流，努力让他们领会团队的意义和目的。这看起来像是在一段时间内做着效率不高的简单活动，但一位TOP5% 领导者这样说过："即便要花费一些时间，只要建立起牢固的人际关系，就能在发生各种变化时维持协作机制。"

在建立人际关系时，人们会区分"弱关联"和"强关联"，团队成员会有意识地在确保心理安全感的同时，设定行动目标，并共同努力去实现目标。虽然有时

结果不尽如人意，或是大家在价值观上产生偏差，但
TOP5% 领导者仍会执着坚持，并做好遭到团队成员反
感的心理准备。

　　同时，TOP5% 领导者还会牵线搭桥，致力于让公
司外部的重要人物和内部的利益相关者建立牢固的关
系。"要和关键人物建立关系，让形势向有利于自己的
方向发展。""要想在商务活动中产生影响，就应抓住关
键。"这并不是在讨好别人，而是在领悟了商务活动的
本质之后形成的抓住关键、效率至上的观念。

　　在远程办公的过程中，"偶遇"的机会越来越少，
TOP5% 领导者会有意地和有影响力的人建立联系，并
在此基础上扩大关系网。我认为，这是他们的一种战
术，即以强关联为基础，逐步拓展弱关联。

今后的团队需要什么

　　TOP5% 精英和 TOP5% 领导者的根本区别在于，

两者对于目标达成的认知标准不同。

　　TOP5% 精英会依靠团队作战，和成员一起解决重大问题，但这只是他们达成个人目标的一种手段，而并非因为他们重视整个团队创造的价值。与此相反，TOP5% 领导者更在意如何实现团队整体目标。当然，他们也会考虑自身评价的提升，但比起个人荣誉，他们优先考虑团队能否达成目标。**和追求个人目标达成的 TOP5% 精英不同，TOP5% 领导者认为更为宏大的团队目标才是必须达成的，成员间的相互配合不可或缺。**原本很多领导者就是作为业务能力出众的员工被提拔上来的，所以他们中有许多人愿意依靠自己的能力和努力实现团队目标。当然，公司高层并不会只给他们设定一个简单的任务，因为如果这个任务仅依靠个人能力就能完成的话，就没有必要让他们晋升了。公司更希望他们带领团队成员，一起去实现个人无法达成的团队目标。

　　为此，TOP5% 领导者要相信团队成员具备一定的能力，并考虑如何通过引导和指示开发出成员的能力。

给予团队成员自由和责任，让成员自主行动，这样领导者也能减轻自身的管理负担。TOP5% 领导者清楚地知道自己做不到完全掌控一切，他们表示："团队成员比我更熟悉顾客、了解一线情况，接触到的信息更多，业务能力也更强。"也就是说，TOP5% 领导者为了达成个人无法达成的更大的团队目标，会主动放下自己积累至今的能力和经验。领导者的这种"放手"行为，实际上会激发团队凝聚力，锻炼团队成员的自主性。

团队成员发挥各自特长，取长补短，就能够产生 1 + 1=3，甚或大于 3 的强大团队力量。

采访参与"TOP5% 领导者培养"项目的人员

我们的咨询业务包括为客户公司制订人才培养计划、制订组织建构方案、改革人事评价制度等方面，在这样的过程中，我们会活学活用"TOP5% 精英的行为习惯"。我们还通过演讲、讲座的形式推广 TOP5% 精英所提倡的"45 分钟会议""PPT 材料制作技巧"等。

作为对刚刚升职的新晋领导者培训、面向年轻员工的领导力培训的一项内容，"TOP5% 领导者的行为习惯"已在 178 家公司推广普及。其中有 78 家公司多次举办了领导力培训，致力于培养能持续创造成果的新晋领导者。我们将这次调查得出的行为习惯形成系统，应用到了 78 家公司的 1 408 名领导者身上，让他们开展了以下做法：

- 设置缓冲时间，以保证在时间和精力上游刃有余；
- 每周强制设定一次 15 分钟的反思时间；
- 讲话时嘴角上扬 15 度；
- 点头幅度大于 15 度。

这些行为未必都会直接带来工作成果的提高，因为做总结时简短精练、善于观察他人的喜怒哀乐等能力不是一朝一夕就能掌握的。但以对方为中心，努力把自己的想法传递给对方的沟通技巧，可以通过有意识的模仿来训练。比起"确保心理安全感"这样的命令，领导者不如给员工作出更具体的指示，如"在公司会议开场前可以闲聊 2 分钟"，这样更容易让员工采取行动。

经过多次试错，1 408 名领导者参加了为期 2 个月的"TOP5% 领导者培养"项目，其中 91% 的人反馈"非常满意"或"满意"。在项目结束 2 个月后的跟踪采访中，被问到其行为改变是否已经固定下来并取得了成果时，竟然有 89% 的人表示自己切实感到所学的东西在工作中起到了效果。当然，也有人没有作出改变，但大部分人在培训结束后的第二天就开始改变自己的一些行为，并利用反思时间进行巩固，从而取得了进步。

各客户公司的人才培养负责人都非常积极、热情地对本项目的全面开展给予了大力配合，并且在培训结束后，花费了很多时间和精力配合我们做跟踪调查。虽然最终没有形成可量产 TOP5% 领导者的机制，但这一培训仍得到了"为创造一个持续产出成果的平台打下了基础"的评价。

集结每位成员的力量，将团队成果最大化，是每个公司的目标。急剧变化的时代不仅需要能按部就班完成任务的团队成员，更需要一个能自主思考、自主行动的"高自主性团队",这样的团队能敏锐感知变化,平稳改变行为,同步转变思想。说起来简单,但建立这样一个团队或是培养团队中的人才,实际上需要 4～5 年的时间。如果我们能参考学习 TOP5% 领导者的行为习惯,至少能降低失败率,避免无谓的挑战和无效的实验。即便不是所有细节都能复制,但实验证明了我们若能模仿TOP5% 领导者一些共通的行为习惯,现学现用,也能有立竿见影的效果。如今的时代要求我们在更短的时间内创造更大的成果,而提高行为实验效率的结果,就是增加了行动上的选择。选择多了,人就能更加灵活地应对变化。我们向各客户公司全面推广的项目内容和结果,将在第 6 章进行详细介绍。

AI 分析でわかった

トップ5%

リーダーの習慣

第 1 章

TOP5% 领导者的 5 大特质

TOP5% 领导者	普通领导者
走楼梯，经过前台时故意放慢脚步以便同事和他们打招呼。	乘坐电梯上楼，紧皱眉头、快速通过前台。
认真倾听，希望对方多说话。	认真讲话，把事情解释详细。
建立和团队成员平等的关系，共同感受，共同创造。	在语言、行动上居高临下，否认自己不如团队成员。
通过分析失败案例的原因追求成功，努力降低失败率。	依靠模仿成功案例追求成功。
重视团队成员的心理状态，更重视"情感"的共享。	一味地单方面告知团队成员要怎么做，更重视"信息"的共享。

特质 1：不是急性子，走路速度比一般人缓慢

受疫情的影响，我们对到公司上班的员工开展调查的机会少了很多。在 2020 年 1～3 月，也就是日本政府发布紧急事态宣言之前，我们在 5 家公司安装了定点摄像机，以这种方式展开了调查。我们把 360 度摄像机安装在公司的工位、人流较多的前台以及公共活动区域，以记录大家在公司的日常活动。

这些记录清楚地告诉我们：每个人的步速不同。虽然我们不能精确地测算出他们的步速，但能明显看出有的人步速比常人快，有的人比常人慢。我们仅凭目测还

发现，59% 的 TOP5% 领导者的步速明显比常人要慢。

这个结果和我在《5% 职场精英的工作习惯》中总结出的 TOP5% 精英的步速情况是完全相反的，TOP5% 精英都是急性子，所以步速要比其他员工快很多。我们本以为以目标为导向、不做无用功的 TOP5% 领导者也是急性子，步速也会很快，可实际上并非如此。另外，在普通领导者中，38% 的人步速慢于常人，而 TOP5% 领导者在整个领导者群体中也属于走路比较慢的。

为了搞清楚这其中的缘由，我们直接采访了步速缓慢的 TOP5% 领导者。当我们告知 TOP5% 领导者他们的步速比常人慢时，他们的反应首先是惊讶："你们还调查这个？"然后会说："我没想到自己走路慢。"在另外一项调查中，58% 的 TOP5% 领导者回答说他们有意在时间和精神空间上留白。步速慢的特征可以说体现了他们的这一想法。

主持会议时，TOP5% 领导者会严格把控时间，在会议中，他们确认时间的频率是普通领导者的 2.8 倍，并且会尽量在预定时间内提前结束会议。还有很多 TOP5% 领导者积极推进会议改革。在致力于降低公司内部开会频率、提升内部会议质量的领导者中，TOP5% 领导者的人数是普通领导者的 3 倍以上。以下是 TOP5% 领导者想要推进的会议改革示例：

- 将例会时间从 30 分钟缩短为 25 分钟；
- 缩减表决会议的参会人数；
- 在会议一开始就公布议题和参会人员的职责。

会议若能按时或提前结束，TOP5% 领导者就有了较充裕的时间，从而使心情更加放松。这也是他们走路从容缓慢的原因。

通过采访我们还了解到，很多 TOP5% 领导者会故意不使用电梯，而特意走楼梯上楼。他们说，因为走楼梯上楼更快。但在经过公司前台或走廊时，他们会有意放慢脚步。TOP5% 领导者希望能和同事轻松地交流，所以特意走得很慢，似乎就是为了留出时间，以便同事和他们打招呼。比起那些乘坐电梯上楼，紧皱眉头、快速通过前台的普通领导者，以缓步通过的 TOP5% 领导者更容易被员工叫住：

"您现在有时间吗？"

TOP5% 领导者考虑问题的细致程度可见一斑。

特质 2：发言精简，互动时间长

通过采访及分析 TOP5% 领导者一对一会议的录像资料，我们发现 58% 的 TOP5% 领导者发言频率高、讲话时间短。他们还有一个共同特点：认真倾听，希望对方多说话。和这 58% 的 TOP5% 领导者交流的另一方也确实明显比他们说得多。

在交流中，人若想让对方了解自己要表达的意思，在讲话时就要努力做到信息简要、表达简洁。TOP5% 领导者清楚地知道，比起让别人听自己讲，不如让别人讲，这样交流气氛会更好。但也有很多领导者误以为，只要认真讲话，要表达的意思就能传递给对方。不管讲话者把事情解释得多么详细，如果听者不想去听，双方就无法沟通。此外，**比起长篇大论，言简意赅的交流更有利于信息的即时传递**，热词就是最好的例子，其形式凝练、简短、有内涵，容易广泛传播。

　　TOP5% 领导者在做说明时，能够做到重点清楚、讲话简洁、语气舒缓。他们追求"信息的交流沟通"，会在讲完话之后认真确认对方的反应。我们对 TOP5% 领导者进行的采访，也因为他们的回答直接、简洁，有好几次都比预定时间结束得早。

归纳意义、目的、数字信息，有助于交流

　　TOP5% 领导者一开口就能切中要害。

　　我们向 7 516 名参与调查的参会者提出了一个问题：在会议结束 1 小时之后，会议的哪一部分让你印

象最深刻？他们的回答是"最后 5 分钟"。人在 1 小时内会遗忘约 70% 的信息，所以记住时间上最为接近的最后一部分理所当然。但当我们问到能记住的第二个会议部分是什么时，69% 的人回答"一开始的部分"。

从中可以看出，除去符合记忆规律、人最应该记住的会议最后一部分，让这些人印象最深刻的就是会议一开始的部分了，而简洁的会议开场白尤其能让人印象深刻。会议的其他部分不被人记住，也反映出讲话者通常在会议的开场和最后部分花费心思的特点。

TOP5% 领导者潜意识中深得此要领，从而会把注意力放到会议开场白上。讲话一开始，他们并非蜻蜓点水似地陈述事实状况，而是直接抛出事实反映出的问题，由此让参会者明白会议能带给自己的利弊（见图 1-1）。

销售部门的 TOP5% 领导者表示，他们注重自我介绍和最后的问答环节。自我介绍也不是指长篇大论于自己的所属部门或职位，在本可以让听者印象深刻的开场

中，唠叨这些内容是一种浪费。TOP5% 领导者中有很
多人身居高位，但从没有人就自己的职位高谈阔论，鼓
吹自己。开会时，他们会简明扼要地表达清楚会议将为
参会者带来什么好处。

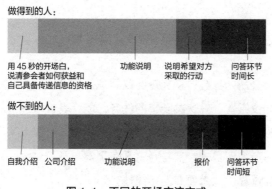

做得到的人：

用 45 秒的开场白，　　　　　功能说明　　说明希望对方　问答环节
说清参会者如何获益和　　　　　　　　　采取的行动　时间长
自己具备传递信息的资格

做不到的人：

自我介绍　公司介绍　　功能说明　　　　报价　　问答环节
　　　　　　　　　　　　　　　　　　　　　　时间短

图 1-1　不同的开场交流方式

　　"这次会议 1 个小时，有 3 个决议，以此提高
我们的业务效率。"

　　他们会像这样清楚地说明会议意义和目的，通过数
字上的表达，给参会者留下深刻印象。

在讲话一开始就下功夫，这一点和我们在 2018—2019 年对各公司顶级销售人员进行的一次采访中得到的结果一样：对最开始时商品基调和顾客期望值的掌握，会影响顾客是否购买商品。

让参会者觉得这是自己的"分内事"

公司内部会议和销售会议同理。在会议一开始就明确会议宗旨，确认参会者的任务，能让其保持适度的紧张感，从而心无旁骛地参与会议。例如，按照以下方式讲清楚会议目的，参与者就都有了参与意识，大大降低开会过程中偷懒耍滑的可能性。

- 说明今天的会议有三部分；
- 第一部分是营业部的铃木发言；
- 第二部分是讨论，请开发部的吉田发言；
- 第三个部分是表决，请营业部的山田积极表态；
- 最后的问答部分希望各部门都能说一说存在的问题。

让人印象深刻的会议最后部分，可以用来做归纳总结和一问一答。"归纳总结"并不是指总结会议内容，而是指归纳说明参会者会后要做的事情。"一问一答"则是让参会者提问，这样能促进会议召集者和参会者的双向交流。

TOP5% 领导者能在归纳总结中简洁明了地表明希望参会者做的事情，并延长一问一答的时长。这样一来，就能切实推动参会者积极参与。

想办法让一对一交流的双方互动起来

"讲话简洁"这一原则同样适用于一对一交流。普通领导者在一对一交流中，有 70% 的时间是自己在讲，剩余 30% 的时间才用来听对方讲。

TOP5% 领导者则会表现出对他人的关心，用简洁的提问方式让对方感到放松，从而愿意与之交流。这种交流方式的特点是，平均 67% 的会议时间是参会者在做分享与交流。TOP5% 领导者会注意留出一些时间让参会者自我思考，并让他们充分地表达自己的观点和心得。

TOP5% 领导者不会在交流一开始就单方面抛出"怎么样"的问题，而是轻描淡写地讲完自己的经验、感受之后，说道：

"我是这样想的，你怎么想？"

这样的提问方式，便于对方回答。

他们不唠叨自己的经验，而是创造一种让对方愿意交流的氛围，提供一个对方方便回答的问法，尽可能地让对方愿意主动交流。这种用心能促使对方也敞开心扉，让谈话变成双向交流。

特质 3：承认团队成员比自己优秀

一名优秀的团队成员未必具有成为领导者的素质。

一名团队成员作为个体能取得的成绩和团队整体能达成的目标，二者的实现方法是不同的，所必需的技巧也不同。

团队里，领导者未必就一定比成员优秀。领导者和成员不在于阶层高低，而在于各自的作用和职责范围不同，因此，48% 的 TOP5% 领导者认为自己不必比所有团队成员都优秀。他们想建立的是一个在一线工作的成员能自主思考、自主行动的组织，而领导者不必具备承担一切的能力。实际上，在一线近距离接触顾客、市场的团队成员，更容易受外部环境变化的影响，其分工协作也更容易实现团队目标。

比起提升自己的业务能力，TOP5% 领导者更倾向于提升团队成员的能力，带动整个团队进步才是他们的责任。例如，团队里有新人加入，而新人的业务知识、业务处理能力或许不如其他成员。这时，TOP5% 领导者因为坚信团队的每个成员都是具备才能的，所以会发现新人与其他人不同的闪光点，并在团队中加以凸显、活用。

　　这样做的目的不是提高团队成员的自我认可度，而是希望大家不要被"工作做得好的人才厉害"这一模糊的规则所束缚。

　　要做到这一点，领导者就必须从正向的角度看待团队成员，因为只盯着团队成员做不到的事，会让双方都感到有压力。TOP5% 领导者会关注团队成员的长处并全力发掘，使长处得到充分发挥。在此基础上，对于团队成员的不足之处，TOP5% 领导者会亲自帮忙或让别的成员弥补，以此协调整个团队的力量，这才是领导者的职责所在。

　　如果领导者对待团队成员的态度居高临下，彼此就会产生距离感，也不能敞开心扉交流。领导者应该首先致力于建立一种能和团队成员彼此闲聊、交流，领导者和团队成员并肩同行的平等关系。

　　与此相反，普通领导者在面对"你是否认为自己不如团队成员"的问题时，75% 的人会做出否定。当然，在能力上他们可能确实强于团队成员，但如果领导者在平时的语言、行动上表露出这种居高临下的想法，那么很容易能料想到，这会造成团队成员与之疏离。

TOP5% 领导者想建立和团队成员平等的关系，因此不会用能力高低的标准来衡量彼此。他们在清楚自己和团队成员各自优缺点的前提下，共担责任，分工协作，互相切磋工作方式和方法，朝同一个方向前进。这才是 TOP5% 领导者想要建立的"共同感受，共同创造"的关系。

特质 4：不做冒险、碰运气的决策

人一旦进入管理层，就必须做很多决定，如人员配置、预算管理、和其他部门的协作与沟通、向经营部门进行说明等。如果领导者不做决定，工作就无法向前推进；如果领导者回避做决定，那么工作过程就会被拖长，也会为在一线工作的团队成员增添负担。

TOP5% 领导者能做出明确决定。他们会在综合考

虑实现可能性、投资结果、影响力、重要性等多项评判要素后，坚定信念，毫不犹豫地做出决策。在观看完 8 000 小时的线上会议录像后，我们发现了普通领导者和 TOP5% 领导者间的明显差异。尽管条件不同，TOP5% 领导者的决定数量仍比普通领导者多出 25%。同一家代理公司内身肩同一职责的管理层，在面对同一事件时，TOP5% 领导者比普通领导者做决策的速度要快 1.3 倍。我们可能会觉得这 1.3 倍的差别并不大，但经过日积月累，这会缩短一线员工的等待时间，提高工作效率。TOP5% 领导者非常清楚，停止一项坚持至今的工作，或放弃一项并不重要的任务，这样的决定会极大地减轻一线员工的负担。因此，当他们做出"就这么办"的决定的同时，也意味着他们经过权衡，放弃了另一种办法。同时具备"去做"和"不去做"的觉悟，可以说是 TOP5% 领导者的一个特质。

很多事情充满着变数，人在做决定时，必须考虑诸多可能性。即便是过去取得成功的项目，随着外部环境和行情的变化，沿用相同的做法也未必能产生相同的结果。这就如同照搬其他公司的成功例子，却未必能在自己公司取得成功一样。但这也并不意味着要完全抛却过去的经验，接受从零开始的挑战。

　　我们还发现，TOP5% 领导者不会孤注一掷地贸然做决定。通过多次采访 TOP5% 领导者，我们发现他们虽然做决定很快，但绝不会以身试险，不会抱有"既然有一点儿希望，那就赌一把"的想法。

　　比起提高成功率，TOP5% 领导者会努力降低失败率。 在他们看来，要想在激变的时代中取得成功，依靠的不是一味地模仿成功案例，而是认真分析过去失败案例的深层次原因，以避免出现同样的错误。因此，他们不会孤注一掷，而更倾向于选择能降低失败率的决定。例如，TOP5% 领导者会认为与其竭尽全力去争取竞争激烈的大单业务，不如多着眼于小单业务；与其收集成功经验，不如多总结失败教训。他们会深入思考"为什么那样做失败了"，从而探讨失败的根本原因。在找到一个原因后，他们会进一步思考为什么会产生这样的原因。这样做，即便找不到根本的解决办法，至少也能降低重蹈覆辙的风险。

降低失败率并不是在逃避。多数 TOP5% 领导者认为，出现问题时不能什么都不做，而要积极挑战，降低失败率，这样才能走向成功。我们采访的 TOP5% 领导者和普通领导者中，有 291 名 TOP5% 领导者提到了"降低失败率"的说法，而提到这点的普通领导者只有 4 名；有 891 名普通领导者致力于模仿成功案例，而只有 3 名 TOP5% 领导者会这样做。

普通领导者依靠模仿成功案例追求成功，TOP5% 领导者则通过分析失败案例的原因追求成功，努力降低失败率。因为 TOP5% 领导者能不断创造成果，可见他们降低失败率的战术是正确的。

特质 5：会分担团队成员的情绪

TOP5% 领导者都有这样一个特点：比起工作本身，他们更看重"做工作的人"。他们关注团队成员的能力和价值观，会聚合每位成员的能量，从而实现团队目标。

　　持续创造突出成果的 TOP5% 领导者，或许有时看起来很强硬，但只要听了他们的讲话，我们就会发现这些人其实待人接物很是温和，也会在宴会或是公司活动中最先扮演活跃气氛的角色。

　　TOP5% 领导者更关注社会变化，更关心团队成员的状态。他们不是眉头紧锁的可怕的长官，而是心胸宽广的温柔的前辈。他们的外表看起来沉稳，但其实思考缜密、为人热情。

　　人与人之间，一定会有"合拍"或"不合拍"，"喜欢"或"不喜欢"的关系。但 TOP5% 领导者不会因自己是否与对方合拍而影响到工作，而会关注团队成员的"能"或"不能"，并协调成员之间"可以"或"不可以"的关系，从而最大程度地创造成果。

　　因此，为了解成员，TOP5% 领导者会更多地和成员交谈，让成员表达自己的想法。在交谈中，若只是让成员分享结果，就无法洞察其内心，所以 TOP5% 领导者会深挖结果产生的原因。

　　TOP5% 领导者深知，若想让团队持续创造成果，团队成员的心理状态十分重要。在一项匿名网络问卷调查中，67% 的 TOP5% 领导者认为比起"信息"的共享，他们更重视"情感"的共享。重视情感共享的 TOP5% 领导者的比例约是普通领导者的 21 倍。

　　很多领导者都知道，确保员工在特殊时期的心理安全感（即可以畅所欲言的心理状态）非常重要。但不管是否有疫情，TOP5% 领导者都会努力和团队成员共享情感，因为他们十分清楚人的情感能影响到人的行为。在疫情下，远程办公开始得到应用，TOP5% 领导者也率先调整了和团队成员共享情感的方式，例如，减少会议次数，增加和成员的交谈时间，其中不仅包括闲聊，还包括一对一的会议。在团队会议一开始，TOP5% 领导者不会先讲工作上的事情，而是平易近人地与成员们聊聊天。

　　共享情感，便是去贴近对方的情感。有的团队成员有时会说些不合情理的不满、抱怨，还有的会对自己无法控制的事情一直发牢骚，其中大半是因为他们解决不了。即便这样，TOP5% 领导者也能够理解这些情绪产生的原因，这一点尤为重要。有的团队成员拼命努力了但得不到想要的结果，就会自责，将一切归咎于自己；有的人明明在他人的帮助下，才保证了工作的顺利进行，却虚假夸耀一切都是自己的功劳；甚至还有人因不愿输给公司里的竞争对手，而把失败怪罪于别人。**TOP5% 领导者不仅理解成员的情绪，还会主动思考成员产生这些情绪的原因。这样一来，他们就会帮助成员把不满、抱怨转化为理性思考，从而远离负面情绪的怪圈。**

如果领导者想到了解决方案，但员工还没有准备好去接受，交流也毫无意义。领导者首先要不断和员工对话，建立彼此间的信任关系，使得对方能接受任何反馈。一味地单方面告知应该怎么做，会让团队成员失去独立思考的能力，成为一个"只会完成别人交代下来的任务的人"。

从前，"只会完成别人交代下来的任务的人"会格外受到重视，但如今的时代需要人们自主思考，灵活应对变化。时代还要求我们培养能够自主行动的员工，所以需要领导者建立能与团队成员共同思考、共同行动的协作机制。建立这种协作机制所必需的，就是建立起在共享情感的基础上的信任关系。这看起来似乎是舍近求远，但只要大家齐心合力，努力实现团队目标，即便失败，相互之间也不会有推诿责怪的消极举动，而是不断自我反思，改进行为方式，如此一来，团队会越来越强大。

TOP5% 领导者带领的就是这样一个能不断创造成果，稳扎稳打的团队。

AI 分析でわかった

トップ5%

リーダーの習慣

第 2 章

普通领导者的 6 个误区

TOP5% 领导者	普通领导者
引导员工寻找答案，培养的是能自主思考、自主行动的员工。	直接告知员工答案，培养的是依赖领导者的员工。
共享年度目标和行动目标，将实现方法交由团队成员思考。	为了确保工作 100% 推进，要求提交大量报告书等材料。
主要判断能否接受某项工作，一旦接受，交给团队成员完成。	确认任务的进度，管理整个团队，保证所有任务顺利进行。
让每个人都能看到团队工作进展，基于一线情况制订下一步计划。	通过周报汇总团队成果，向上级汇报。
给团队成员创造发言机会，让所有参会者都觉得会议是"分内事"。	发言多过团队成员，参会者成了旁观者。
比起结果，更聚焦于建立关系，建立协作机制。	感性问责，无法建立和团队成员的信赖关系。

误区 1：直接告知员工答案

哈佛大学的傅高义（Ezra Feivel Vogel）教授曾著书
《日本第一》（*Japan as Number One*）。

20 世纪八九十年代，日本经济引领着世界经济，
日本以制造业为中心，将成果的产出方式，也就是赚钱
方式实现了模式化。根据市场需求，日本公司能量化生
产高性能产品，业绩节节攀升。在所谓"商品消费"的
时代，顾客的需求比较单一，因而适用性广泛的工业产
品席卷了整个世界。在那个时代，研发部门进行创新，
董事会决定销售方式，销售一线的员工只需按照上级指

令工作，这就是成功的模式。在销售一线，领导者反复强调"只做让你做的"，能贯彻领导者指令的人，就会受到好评。员工个人的苦心创意不受欢迎，而只有像勤劳的工蚁那样执行命令的员工，才被认为是好员工。对公司的忠诚度、对领导者的顺从度、自身的忍耐力，这些才是评价一名员工优秀与否的指标。

和如今相比，那时出现的问题也并不复杂，只要沿袭过去的成功经验就能全部得到解决。经历过那个时代的领导者，往往容易把自己过去的经验和解决办法强加给后辈，"要想提高业绩，就要多跑到客户那里，甚至死打烂缠""制作大量 PPT 来宣传自己的努力付出"等经验说教，放在如今似乎也行得通。

即便有能切实提高业绩的答案，若领导者和盘托出，只会让员工放弃自主思考。当今时代变幻莫测，需要的是能自主思考、自主行动的人才，也就是高自主性人才。

培养一名高自主性人才，直接告诉他们答案往往会事与愿违。

　　"为什么会得出这个答案？"
　　"这个答案真的正确吗？"

　　领导者要让员工独立思考问题，培养他们自主提出问题和自己解决问题的能力，否则员工就无法做到高自主性，只会成为一个完全依赖于领导者的人。一有问题就去问领导者，然后问题一旦解决不了就又归咎于领导者，培养出这种依赖领导者的员工，是只会直接告知员工答案的领导者的责任。

　　普通领导者在指导员工时，会断言道："要这样做"或"应该是这样"；但 TOP5% 领导者不会直接告诉员工答案，而是引导他们寻找答案。TOP5% 领导者会提出问题引导员工思考：

　　"你想过为什么会出现这样的问题吗？"

　　或是反复追问：

"出现这种问题的原因是什么？"

"这样的问题为什么会发生？"

"为什么？"

以此引导员工去思考问题的本质。

对于一些亟需解决的问题，有时也需要领导者根据以往的经验，直接告诉员工该怎么做。但如果是今后还会出现的重要问题，引导员工自己掌握解决办法，才能锻炼出他们的高自主性。

所谓引导，就是让员工去"发现"。"交流能力开发法"能帮助员工发现实现所设定目标的方法，如此，领导者才能将团队成员培养成高自主性人才。用钓鱼做比喻，领导者的引导过程如下：

- 明确团队共有钓鱼这一"目标"；
- 让员工思考钓到鱼的"实现方法"；
- 在假设的基础上，让员工实际操作钓鱼；
- 团队共同反思结果，促进员工思考如何改进钓鱼方法；

- 为员工提供支持以实践改进方法。

普通领导者和 TOP5% 领导者不同的反馈技巧如表 2-1 所示。

表 2-1　两种不同的反馈技巧

	教授（普通领导者）	指导（TOP5% 领导者）
目的	知识、技能的学习	支持目标达成
作用	告知答案	引导思考
提供方法	示范	提问以促使自省
优点	能同时顾及多人	促进自立，提高问题解决能力
缺点	被动	一对一为原则，需要时间

误区 2：所有工作都要可视化

受疫情的影响，自 2020 年开始，很多公司采用远程办公的形式来推进工作。据东京都和日本政府公布的信息，在东京设置了办公场所的公司中，有 25% 采用了远程办公。

对此，我们展开过一次独立调查，调查问题为"不管在哪个部门，不管几次，是否采用过远程办公"。在 805 家被调查的公司中，有 87% 回答"用过"。远程办公的发展如此快速，却遭到了管理层和一线领导者的反对。因为不能实施和以前一样的管理，一旦工作中出现问题，也无法当面询问相关人员，所以一些公司会要求员工来公司上班。还有一些领导者不熟悉 IT 工具，所以会尽量避免线上会议的举行，还是把团队成员叫到会议室，习惯于当面听取工作汇报。

调查中，有 67% 的领导者回答："远程办公降低了工作效率。"我们对普通领导者进行了问卷调查后发现，他们不满的声音多集中在"看不到工作的进展和员工的状态，无法进行管理工作"。普通领导者中，有 87% 的人想让远程办公的工作进度可视化，让成员多做汇报。还有的领导者不仅让员工做周报，甚至还要做日报。因为怀疑远程办公的员工"在偷懒"，很多公司都会要求员工进行每日汇报，过度要求员工主动联络并做报告。

但一个人若想偷懒，不管是在办公室，还是居家，他总有办法。我们对 605 名员工进行调查后的结果显示，居家办公偷懒的员工，有 94% 在办公室工作时也会偷懒。

其实，领导者这样做，都是因为他们想将看不到的情况变得可视化。"不知道董事什么时候会发问。""想立刻掌握西日本地区的营业额。"诸如此类的领导者的要求，会让员工感到坐立难安。若想将工作中看不到的情况可视化，就需要手段上的辅助，而其投资额会高达数亿日元。说到底，在因疫情开始远程办公之前，公司内所有的工作就都能可视化吗？

或许是因为我们有种错觉，误以为大家面对面聚在一起才是团队合作，员工拼命对着电脑打字，就能输出优质的工作成果。可是，我们是做不到将个人的努力和人与人之间的关联可视化的。领导者的职责就在于判断成果的输出是否符合预期。

通过对 734 家公司进行调查，我们发现 57% 的人没有定量的工作目标，他们并没有计划什么事情要做到什么时候，而只是应对眼前的工作。如此一来，不但员工本人没有成就感，领导者也无法掌握工作的进展。

TOP5% 领导者在不曾得知工作进展和员工行为的情况下，也愿意给予员工自由和责任。 TOP5% 领导者会在工作一开始就设定年度目标，让成员把实现目标的方法写进计划书。然后，在年内定期和员工进行交流，一起确认工作进展。TOP5% 领导者只和员工协商行动目标，而具体的实现方法则交给员工负责。对刚加入公司不久的年轻员工、需要协助的员工，也会给予适度照顾。但这并不意味着事事关照，TOP5% 领导者意在促使团队成员的自立，建立起自主运行的组织，故而在保持自由（对工作推进方式等的裁量）和责任（目标达成的责任）的平衡下培养员工。

不断创造成果的 TOP5% 领导者不希望带领的团队依赖个别优秀人才。为了能让团队整体收获一定的成果，TOP5% 领导者会注意调整自己精力的分配。例如，如果某一领域是优秀成员所擅长的，就交给该成员；如果这时团队里加入了需要指导的新人，那么领导者就会将其放入同一领域让其更好地成长。TOP5% 领导者会花费精力去提高团队水平和完善组织结构。

之后，TOP5% 领导者会量化目标，例如：

"提案件数要提高到去年的 1.1 倍。"
"这个月制作表格的时间要减少 8%。"

TOP5% 领导者会把想要达成的目标设定成可客观测量的表述。整个团队共享这一量化的行动目标，工作进展则通过简单的语句、交谈或会议来广而告之。

普通领导者会因为看不到的不安而一味扩大管理范围，且管理过细。而 TOP5% 领导者相信团队成员的能力，旨在建立一个能自主运行的团队，给予成员自由和责任。

分别由两种领导者带领的团队，哪一个能不断达成目标，相信大家一目了然。

误区 3：将零碎的任务视为主要职责

　　领导者不仅要管理团队成员的工作时间和业务操作，有时还要负责分配上级或客户突然交代下来的工作。普通领导者能恰当地将上级安排的工作分配给有能力完成这项工作的人，并管理工作进度。当然，为了保证有限的人力在有限的时间内完成必须完成的工作，对员工进行工作阶段和进度的管理是十分必要的。

　　但这并不意味着领导者管理得越紧，工作成果就越好。其实，在调查了领导者为时一周的工作情况之后，我们发现 42% 的领导者会在一天中确认任务管理表不下三次。通过确认任务管理表，领导者实现了团队的全面管理：对进展不顺利的成员加以鼓励，或让进展顺利的成员帮助其他成员。这样的任务管理的确是必要的，因为如果不这样做，团队可能就无法实现工作目标。但任务管理只是实现目标的必要条件，而不是充分条件。

TOP5% 领导者会花费最多的精力去判断能否接受某项工作，他们用于判断能否接受工作的时间，远超过用于任务管理的时间。

我们在调查了 18 家有加班惯例的公司后发现，判断一项工作是接受还是不接受，会决定在此后的工作中是否需要加班。如果团队勉强接受一项截止日期临近的工作，那么不管怎么努力，员工都无可避免地需要加班。

TOP5% 领导者有魄力拒绝一项工作。这并不是"成果主义一边倒"的死板想法，而是他们能意识到，必须极力避免没有显著影响力的工作。TOP5% 领导者一旦决定接受一项工作，就会将把控工作进展及汇报的任务交给团队成员完成。而如果没有和团队成员保持良好的人际关系，还有很多领导者会选择亲自上阵。在日本和韩国，领导者身兼双职的比例要比其他国家高很多。白天，他们和团队成员一样，以员工的身份工作；傍晚或休息日时，他们变身为领导者汇总数据，写报告书。这样身兼双职的领导者虽然知道这样做可能会使团队整体的工作进度变缓，但仍认为自己上阵能更好地完成手头上的工作，故而亲力亲为。

想让团队完成目标任务，非常关键的一点就是让团队成员有独立自主的精神。打造一个不用领导者动手也自然能取得成绩的团队，重点在于让团队成员主动起来，争取好的成果。TOP5% 领导者的业务处理水平高，确实有能力亲自上阵。但若想实现团队目标，打造一个能不断前进、不断取得成果的团队，领导者就必须建立一种制度，尽可能让自己不接触具体业务。

接受任务后花费时间管理工作进度的领导者，和仔细思考并决定是否接受工作、一旦接受就会全力争取最大可能提高工作效率的领导者，两者的不同做法，理所当然会产生不同的工作成果。

误区 4：把精力都用在完成周报上

在员工人数超过 1 000 名的大公司中，员工制作

周报需要花费大量的时间。在对 187 家员工人数不足
500 名的公司进行调查时发现，员工制作周报的平均时
间为每周 1.1 小时，而在大公司，则需要 2 倍以上的时
间，约 2.7 小时。

　　通过进一步的追踪调查，我们发现大公司的中层领
导者会汇总每个团队成员的周报，并从中抽取重要内容
报告给上级。若想让报告书通俗易懂，当然需要精简资
料，但很多领导者为了宣传团队成果，会用大量文字堆
砌整个报告书。有个别领导者甚至将每周的大半时间都
用来汇总周报，并每天不断追问团队成员："这件事怎
么样了？""那件事怎么样了？"

　　领导者花费时间制作的周报，实际上很多时候上级
并没有认真对待。对 18 家公司进行的采访调查显示，
23% 的周报被束之高阁。也就是说，一些领导者花费
半个多星期制作的周报，其中的 23% 无人理睬。

　　公司做出经营上的判断要基于各种信息，当然也需
要领导者挖掘一线信息，但想要收集到 100% 的信息是

不现实的，这只会让一线员工疲于应对调查。所以这种流水账式的信息汇总是必需的吗？在变化莫测、飞速发展的时代，真的有必要每周细致说明工作变化吗？

当然，领导者是应该在第一时间了解到一线的变化的，因此各地区的销售额、当季度的目标达成度等数据的传达，应保持在即使没有周报，领导者也能一清二楚的状态。所以，并不需要大规模的汇报系统，只要让每个人都能看到一线情况、经营活动的损益，及团队的工作进展就可以了。

Cross River 公司于 2017 年 12 月就取消了周报制度。我们在不同的项目上，组建不同的商务群聊组，实现项目进展的可视化，销售额、商谈进展等内容则通过销售能力自动化（SFA）、商务智能工具（BI）同步显示。

花费精力制作周报的普通领导者和基于一线情况制订下一步计划的 TOP5% 领导者，谁能得到上级的信赖呢？

误区 5：发言占例会 70% 的时间

通过对 805 家公司的调查，我们发现仅"召开内部会议"这一项就占用了一周里 43% 的工作时间。在这些公司内部会议中，约 60% 是在共享信息，而这些共享信息的会议中，有 40% 并没有确定议题，有些参会者只是露了个脸而已。每个团队每周都会召开关于工作进展和任务分配的例会，如果例会只是领导者用来掌握团队整体状态的一种方式，只能说效果非常有限。等了四五十分钟才轮到自己发言，且被要求简单报告，那么团队成员只能是流水账式地汇报信息而已。这种形式主义的会议，只是领导者为了自己掌握情况而进行的信息共享，其实是在浪费时间。更严重的问题是，这种例会从一开始就是领导者的个人舞台，他们将宝贵的会议时间占为己有。这样的会议既无法让员工学到东西，也无法给后面的工作带来帮助。

Cross River 公司收集了客户公司不少于 8 000 个小时的线上会议录音、录像。在这些线上会议中，默认 60 分钟的例会最多，占到了所有会议的 81%。在这些例会中，领导者的发言占到了总时长 70% 以上的占了 1/4。例会还容易让员工开小差，虽然没有确切的关联性证据，但线上会议开小差的人多，也说明了例会效果欠佳。

在第 1 章我们提到过，TOP5% 领导者的发言简明扼要，重点突出，发言目的是传递信息、达成共识。但普通领导者发言主要是为了凸显自己的想法和情感，只是一味地表达自我，而不关注周围人的反应。两者在会议后会分别给参会者留下何种印象，其中的区别显而易见。

不能带动参会者参与的会议毫无意义。因此，会议中不能是 70% 的时间都由领导者发言，而要让所有参会者都觉得会议是"分内事"，从而主动发言，否则会后也无法调动员工行动起来。

不断创造突出成果的 TOP5% 领导者擅长倾听，他们很清楚，要想提高团队成员的能力，最好让成员多去表达。TOP5% 领导者能认识到自己的职责，他们看重信息共享和激发创意（即头脑风暴），因此倾向于将具体工作交给成员。会议中，TOP5% 领导者会把裁夺权交给团队成员，让团队成员积累实践经验，培养成员的能力，打造最强团队。

请大家重新审视自己公司的例会，重新去思考会议的作用，就像 TOP5% 领导者那样，让会议成为团队成员自主发言的机会。

误区 6：以私人情绪管理团队

如果想让员工发挥主观能动性，相较于"讲道理"的方式，领导者采用"热情游说"的方式更有效果。

这次我们针对 405 名领导者进行了采访，其中有 78% 的人说："很多时候比起讲道理，我更依托于情感做判断。"他们固然会对投资效益、市场预测数据等进行逻辑分析，但有的决定也会受到策划者的热情或提案者性格的影响。

如今的时代，我们已经很难得到 100% 确切的信息，单纯为了充实理论而盲目地收集大量信息未必有效。很多公司的经营层都在做一定程度的取舍，在收集到的信息的基础上，最后依靠直觉、情感做出判定。也有很多人在完全依赖理论难以做出决策时，会选择依赖直觉、情感做决断。

TOP5% 领导者在需要做出这样的判断时，有能力独立采取行动。他们不会为了自我满足去冒进，而能把 70% 的信息转化为行动，并固定成规则，形成习惯。若一段时间后出现问题，他们要么修正这一习惯，要么废除这一习惯。

在工作进展不顺时，有的人会失去理智，怒斥团队成员。我们能理解工作的不顺利会促使人变得情绪化，但将情绪发泄到员工身上，试图以此解决问题，既不人道，也妨碍了公司运作。这样的言行有时被叫作"权力骚扰"。

在和团队成员一对一会谈的录像中，我们还真看

到了这样的领导者。有的普通领导者，看到团队成员
失败的结果就责备起来。"因为你的原因所以才会不顺
利。""但还是失败了。""我们多么想成功。"普通领导
者会讲出这样消极的话语，而 TOP5% 领导者很少说这
样的话。结果确实很重要，但一味指责失败者也不是明
智之选。身为领导者，应该思考如何改进以后的工作，
才能避免再次失败。

一味地指责员工的失误，会导致成员消沉怯弱、不
敢发言，造成领导者和员工间分明的上下级关系。团队
成员为了不惹怒上司，会在工作中变得越发被动，只做
上司交代的工作，其结果就是失去了独立思考的能力。
员工只听指令行动，甚至有时没有行动，却还会撒谎
"我已经在做了"。如此一来，上司和下属就变成互相欺
瞒的关系。在这种关系下，不时还会发生公司内部信息
泄露、违规操作的情况。

团队成员如果不能自主改变思考方式、行为习惯，
这个团队就不可能收获好的结果。通过发火控制对方，
可能会在短时间内形成支配，但因恐惧而被控制住言行

的团队成员自此就无法成为能自主思考、自主行动的人才，因而也难以建立起一个能持续创造成果的团队。

TOP5% 领导者意在构建能自主运作的团队，所以一开始不会在意结果，他们更想努力建立良好的团队关系，一种和团队成员平等的关系，一种整个团队一起思考、一起行动的协作关系，并在良好团队关系的基础上，再回头来看结果。如果工作进展不顺利，那么一起思考问题出现的原因；如果进展顺利，那么一起确立成功背后的机制。

不断创造成果的 TOP5% 领导者与团队成员对话的起点不在于结果，而在于彼此之间良好关系的建立。人在做决策时，有时会掺杂一些个人情感，这个可以理解，但在和团队成员建立关系的过程中，言语间夹带领导者私人情绪的对话沟通，并不会产生任何效果。

AI 分析でわかった

トップ5%

リーダーの習慣

第 3 章

TOP5% 领导者的 8 个行为准则

TOP5% 领导者	普通领导者
建立脚踏实地完成任务的机制。	激发员工的工作热情。
培养长期不断创造成果的团队。	寻求短时间内创造成果的方法。
了解优秀成员的短板，并让其他员工来弥补。	聚焦团队成员的长处，根据成员的长处分配工作。
锻炼自己引导团队成员朝正确方向发展的领导力。	追求个人业务执行能力的提高。
给出具体的应对建议。	给出一些模棱两可的建议。
交流的目标是"达成共识"。	交流的目标是"表达自我"。
着眼长期目标的实现来管理进度。	只完成眼前的工作。
使用5种以上的赞同方式。	重复同一个词语的赞同方式。

准则 1：开展工作不全凭干劲

动机，也就是斗志，是提高工作效率的重要力量来源，但要知道，动机是一种不稳定的情感。

TOP5% 领导者会组合出能够实现团队目标的最佳方式，但这其中并不包含"是否存在动机"因素。也就是说，"缺乏动机造成工作无法推进"的情况，是因为风险过高，所以无法纳入计划，因此，领导者在安排工作计划时要做到不依赖动机，同时可以推进工作。若能做到"坚持做分内之事，直到成功"，就能让团队成员不依赖动机，完成工作。

　　动机被认为是某一行为产生的内在的直接原因，因为在每个人的兴趣点、关注点中，都有一个"动机开关"。但团队成员在推进工作时，对于不感兴趣、不愿做的事情，也必须应对，例如，我曾为了工作道歉过几百次，还要每月整理发票，虽然这些都是我不愿意做的事情，但我仍在不情愿之下完美地完成了它们。

　　TOP5% 领导者能建立不依靠个人动机就能脚踏实地完成任务的机制。例如，不管员工有没有干劲，TOP5% 领导者都会以 45 分钟为一个工作时段，防止员工出现身体和精神疲劳的情况。领导者给员工制订稍微高一些的目标，也是基于这种机制：目标过低，会让人松懈；目标过高，会让人失去干劲。能踮起脚尖，手指头刚刚够到的目标，就是合适的目标。TOP5% 领导者擅长制订这样的目标，他们通过日常交流，了解每一位团队成员的能力和潜力，从而制订一个团队成员尽管有些勉强但有可能会实现的目标，并给予支持。他们还会设定一个"进度 20%"的检验点，当员工达到这个检验点时，就与其进行一次沟通交流。这样，不管团队成员有没有动机，都不会懈怠。通过

对进度 20% 的检验，若能消除安排工作的领导者和接
受工作的员工在工作认知上的偏差，就能减少在这之
后返工、补救等低效率的操作的产生。通过制订在进
度 20% 节点上的检验机制，部分 TOP5% 领导者成功
减少了 74% 的返工。

通过建立这一机制，TOP5% 领导者带领的团队就
不再会只凭一腔热情，而是脚踏实地地前进。

准则 2：依靠团队的力量不断创造成果

TOP5% 领导者非常清楚自身存在的意义。"你存在
的意义是什么？""你知道你在公司应该发挥什么样的
作用吗？"面对这样的问题，83% 的 TOP5% 领导者能
立刻给予回答。

TOP5% 领导者首先会丢掉"如何建立起组织""如
何不断解决问题"这些"如何做"（how）的问题，他
们首先考虑的是"为什么"（why）的问题。他们思考

问题的出发点倾向于优先考虑公司、他人的期待："为
什么我能成为这个组织的领导？""为什么我是被需要
的？"或是优先考虑工作的意义、目的："为什么一定
要做这件事？"

简单来说，领导之所以被需要，是为了让团队能达
成目标。而团队之所以被需要，是因为一个人无法解决
问题。甚至即便每个人都在做各自的工作，也可能无法
实现团队整体的目标。

高科技的发展带来了远程办公、智能手机的普遍应
用，独自工作也变得简单。员工不用特意每天早晨到公
司上班，在同一场所面对面进行工作，每位员工都可以
不受时间、场所的限制完成工作，有时甚至提高了个人
的工作效率。

可是，随着世界的发展变化越来越快，需要解决
的问题也越来越复杂、艰巨。客户的需要越来越多样
化，社会问题错综交织，解决办法也不再单一。如今，
如果仅按照操作手册上的指导，并不能立刻解决客户

提出的问题。

那么，"依靠团队解决问题"是什么意思呢？这意味着领导者要充分发挥每个团队成员的长处、规避其短处，迅速感知复杂的问题并加以解决，也就是达到 1＋1＝3，甚或大于 3 的效果。

当今社会要求我们在更短时间内追求更大成果，因此高效显得尤为重要。比起每个人各司其职，我们更希望能发挥每个人的优势，实现多数人的工作仅靠少数人就能完成；或是一个人需要 3 个小时才能完成的工作，换一个人 10 分钟就能完成。

领导者应注重这样的效率和效果的最大化，寻求用更短时间创造更大成果的方法。但如果只追求目标，工作也未必能顺利进行。

以欧美公司为中心发展起来的人事方面的作业型评价制度，就是以目标达成为标准的评价制度，如今也被日本越来越多的阶层型公司[①]所采用。Cross River 公司调查发现，在 403 家日本公司中，有 64% 在探讨作业型评价制度的可行性。

可是，这种结果至上的评价制度也有漏洞。例如，为了达成目标，允许采用一切手段，因此容易产生不合规则、权力骚扰等行为的发生。它还过分追求短期目标的实现，因而更依赖个别员工的能力，而 TOP5% 领导者本就讨厌工作需要极度依赖某个人或某件事。结果至上主义还会造成团队内部成员间的竞争，事实上，这会导致员工之间互相扯皮、互不配合。

但和作业型评价制度相比，成员关系型评价制度也有问题。日本很多自驱型公司[②]在长期雇用、培养员工的前提下，会采用成员关系型评价制度。日本经济是以

---

① 本书中，阶层型公司指组织结构为直线型的公司，由上级领导者直接而全面地管理下级员工。——编者注

② 本书中，自驱型公司指组织结构扁平化的公司，这样的组织结构强调人际关系的和谐和员工的内在动力。——编者注

制造业为中心发展起来的，在经济高度发展期间，公司以长期培养业务熟练的员工为目标，员工的品质成为差别化的主要因素。

因此，日本公司采用终身雇用制、按工龄增加工资待遇的年功序列薪资体系，还在公司内部设置工会以改善劳动者雇用环境。这种日本独特的雇用制度，的确让日本经济得到了发展，但也导致员工即便不产出成果也不会担心被解雇，因为只要工龄增加了，薪资也会增加，这种制度削减了员工的工作积极性。说得极端一点，就算员工在吸烟室待上一天，也不会受到任何指责。

过于重视人际关系，也容易造成集体内部缺少差异性，所有人都是"好朋友"。成员关系型评价制度是一种容易让人相对轻视成果的制度，因此不少日本公司觉得这一制度阻碍了公司的发展。以我们迄今为止为 800 多家公司的人事评价制度做顾问的经验来看，把作业型和成员关系型评价制度有机结合起来，效果会很好（阶层型与自驱型公司的区别如图 3-1 所示）。

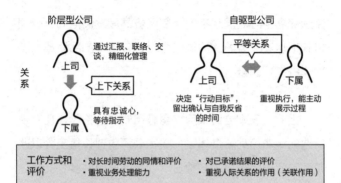

图 3-1　阶层型与自驱型公司的区别

TOP5% 领导者能实现作业型和成员关系型评价制度相结合的组织关系。顺带一提，关于作业型和成员关系型哪一种评价制度更好这一空泛的问题，61% 的 TOP5% 领导者选择了作业型，74% 的普通领导者也给出了同样的回答，然而，在回答"更喜欢成员关系型"的领导者中，能持续创造成果的 TOP5% 领导者相对较多，这有些出乎我们的意料。

TOP5% 领导者看重的不是短期取得成果，而是长期不断创造成果。如果目标是短期取得成果，他们会为有能力的成员提供帮助，从而实现组织目标。但在一个团队内，年轻和年长的员工共同工作，若想长期不断创造成果，就需要让不成熟的团队成员也拿出成果。TOP5% 领导者始终认为，一个组织必须做到即便优秀的核心成员离开，也不会影响整个团队成果的持续产出，因此，他们才会认为作业型和成员关系型评价制度都是必要的。

团队目标不是"短期取得成果"，而是"长期不断创造成果"，而这就需要 TOP5% 领导者在一个组织中发挥作用。

准则 3：接受团队成员的短板

为实现解决复杂问题、长期不断创造成果的大目标，TOP5% 领导者要能够组合不同类型的成员。

他们会准确把握团队成员的特质，协调各成员的优势和劣势，在较短时间内创造较大成果。在回答"最重视任务管理的哪一个方面"这一问题时，71% 的普通领导者会回答"重视每个人的能力"。也就是说，他们更加聚焦于团队成员的长处，根据成员的长处分配工作、分派任务。而 TOP5% 领导者综合评价团队成员"能做"或"不能做"的能力很强，对于同一个问题，竟有 77% 的 TOP5% 领导者回答"聚焦团队成员的短处"。通过调查，我们能看到这样的区别：普通领导者看重成员的长处，而 TOP5% 领导者会聚焦成员的短处。

对此，我们继续展开了以"TOP5% 领导者为什么会聚焦成员的短处"为主题的调查。网络问卷等方式无法定期获取信息，所以我们通过面对面或是线上会议进行了采访。

我们对每一次采访都进行了录像与录音，除了 AI 转换文字工作，还进行了文本挖掘的数据分析。我们通过分析发现，TOP5% 领导者多用的名词性关键词是：组合、再分配、替换、重组、弥补。

　　这些词若用算式表示，就是加减、相乘的意思。也
就是说，TOP5% 领导者会更改、替换、加乘一些要素。
这让我们想到在网络调查中他们回答"为什么会聚焦成
员的短处"这一问题时，提到了"更改、替换短板""让
短板做加法、乘法"等内容，于是我们产生了许多猜想。

　　　"这是不是表示 TOP5% 领导者承认某个团队
　　成员的短板，并把他和在此短板上有优势的员工相
　　替换？"
　　　"TOP5% 领导者会不会寻求有此优势的员工的
　　帮助？"

　　然后，我们把"为了补足成员短板才去了解成员，
为了弥补短板才借用能力强的员工的力量"这一假设问
题向 TOP5% 领导者进行了求证。没想到，他们的回答
是否定的。

　　他们并不是要让优秀员工顶替业务处理能力弱的员
工，而是意图在了解优秀员工的短板之后，让其他员工
来弥补。能创造成果的员工，不需要领导者的管理也照

样能成长起来，所以要通过 2 倍、3 倍地提高他们的能力，来提升组织整体的能力。**TOP5% 领导者会了解优秀成员的短板，并让其他员工来弥补，从而将有产出能力的员工的成果提高 2 ～ 3 倍。**但这并不意味着他们不重视部分能力弱的员工，TOP5% 领导者也很清楚这些员工的长处，并努力让这些长处有所发挥。

在一个团队内，若有人能补位完成优秀成员完成不了的工作，这个人被认可的欲望也会被激发出来，从而关注到自己的能力，并更愿意将其发挥出来。

当然，必须提高年轻员工的基本能力，也是不可否认的事实。但如果花费太多的精力在这件事情上，就无法保证团队能持续创造成果。这种情况下，能帮助 TOP5% 领导者建构良好协作关系的就是人事部人才培养负责人。65% 的 TOP5% 领导者每季度会和人事部人才培养负责人交流一次，并将员工在工作中所必需的基本能力的培训工作交给对方，自己关注的则是如何不断实现团队目标，并力所能及地实践对人才的培养责任。通过训练、学习就能够掌握的基本技能，由人才培养负责人进行培训；通过操练实际业务提高能力的 OJT[①]，由一线领导者进行培训。这样的分工合作能有效实现对年轻员工的培养。

如此，TOP5% 领导者会尽可能准确把握团队成员的长处、短板和能力，通过弥补优秀成员的短板，实现成果的更大化。TOP5% 领导者把对年轻员工基本能力的培养工作交给人事部人才培养负责人，自己则负责团队内部的整合，优化各成员的优势、劣势，以保持人际关系的良好发展。

准则 4：不成为过于克己的工作狂

20 多年前，人们觉得员工是看着领导的背影，模仿领导的言行成长起来的。在那个时代，领导的业务执

---

① OJT 为 On the Job Training 的缩写，意思是上司和技能娴熟的老员工，通过日常的工作，对下属、普通员工和新员工就必要的知识、技能、工作方法等进行教育的培训方法。——编者注

行能力卓越非凡，员工只要模仿照做，也能获得不错的成绩。一名员工如果能力突出，就会被提拔到管理岗位，但他们同时也要完成员工的工作任务，这就要求他们在取得个人成绩的同时，还要带领团队全员进步。如果领导者只追求个人业务执行能力的提高，就会疏忽要领导起整个团队这一职责。

TOP5% 领导者的目标本来就是建立一个能自主行动的组织，它不依赖个人，团队每一名成员都能独立思考，所以，TOP5% 领导者并不希望自己一人独大。实际上，他们虽然作为管理者也取得了突出成果，但那也是基于团队成员的整体配合。

TOP5% 领导者十分明白，提高个人的业务执行能力是有上限的。因此，他们不会刻意向团队成员展示出自己努力工作的姿态，让大家效仿，而是注重锻炼自己引导团队成员朝正确方向发展的领导力。TOP5% 领导者不会提倡通宵加班，也不呼吁休息日加班，因为他们知道如果用这种禁欲式的工作方式要求下属，只会适得其反。

　　TOP5% 领导者一旦投入具体工作中，体内就会分泌出一种令人兴奋的物质，叫作肾上腺素，这会让他们专注于工作，忘记时间。他们本质上都是热爱工作的人，只要时间不停、精力充沛，就能永远地工作下去。但这种工作方式不符合日本现今的法律规定，也不适用于人生 100 年时代 ① 的构想，故而 TOP5% 领导者会设置一个时间段，做到在有限的时间范围内全力争取成果最大化。

　　与以往不同的是，现在人们若只完成分内工作，成果也未必能一直增加。如今的我们必须主动思考，积极行动，不断随着情况的变化调整行为，这才是接近成功的方式。**TOP5% 领导者深知盲目推进工作的风险太大，冷静、智慧地集中精力先做重要的工作，才能取得成果**，所以他们绝不会宣扬要去努力、要有毅力，甚至觉得这样做很逊。即便 TOP5% 领导者在工作时汗流浃背，拼命努力，也会尽量不让员工看到，因为如果把自己的这副样子展现给员工，反而会让员工感到压力，挫伤他

---

① 即平均寿命达到 100 岁的时代。到了那时，从国家的存在方式到个人生存方式以及社会总体都将发生巨大变化。——编者注

们的积极性。

努力但不过度，也能帮助领导者和员工建立良好的关系。TOP5% 领导者喜欢员工能轻松地和自己打招呼，所以会预先在时间、精力上保留空间。例如，清晨是整理心神的重要时间，他们会充分利用这段时间在早晨听听音乐、做做有氧运动，以此来调整、放松神经，保持心态平和，还会养成散步、跑步的习惯。

TOP5% 领导者还注意在工作时间保留精力和时间上的富余。例如，他们将例会时长从 90 分钟压缩到 75 分钟，从 60 分钟缩减到 45 分钟，时间上不紧迫，精神上也会更从容。TOP5% 领导者会注意减少会议次数，增加对话的机会，重视会后的缓冲时间。

"您现在有时间吗？"TOP5% 领导者善于制造轻松的环境，以便员工主动上前交流，通过轻松的会话了解员工的健康状况。调查发现，TOP5% 领导者深知，盲目让员工看到自己努力的样子，往往会适得其反，因而会优先保留精力和时间上的富余。

准则 5：事前进行协商并共享信息

　　一家公司的内部存在不同意见，这很正常。尤其是在合并了多家公司后重组的大型公司里，来自同一家原公司的员工容易拉帮结派，不同派别之间还会互相遏制。领导者的作用就是在复杂的人际关系中协调各方力量，让员工朝一个方向行动。

　　领导者在开展工作时会协调公司内部反对派和赞成派的意见，事前充分考虑双方的利益。在员工人数超过1 000 名的大型公司中，如果不去拉拢那些大喊"喂，怎么不听我说"的"怪"员工，可能某一项决议就无法顺利通过。

　　我个人不喜欢"合议"这一表决方式，因为这会增加公司内部会议的时间。

　　TOP5% 领导者为了在各方力量间成功斡旋，需要掌握公司内的各方力量对比，了解员工背景、工作热情、人际关系，并用记录本或 PPT 的形式归纳整理，在此基础上建立体系，以便充分调动员工的工作积极性。TOP5% 精英追求的是如何提高个人的工作热情和提升沟通能力，这和 TOP5% 领导者是不同的。

若想要说服大声叫喊着"喂，怎么不听我说"的员工，TOP5% 领导者会表现出对他们的兴趣、关心，通过表露自己的心声让对方敞开心扉，从而进行战略性的说服工作。

TOP5% 领导者会系统地进行事前协商，让团队成员看到自己用心准备、见机行事的态度。在协调公司内部关系遇到困难时，或许很多人会去征求上司的意见。普通领导者会给出一些模棱两可的建议，如"不要放弃，坚持下去！有什么事情随时和我说"，这不知是在鼓励员工还是在逃避责任；而 TOP5% 领导者会向团队成员展示事前协商所必需的关系图、笔记，给出具体的应对建议。

当团队成员遇到困难时，领导者立刻给出答案的方法并不利于员工的培养，这是事实。但在紧急关头，领导者若能拿出关系图或笔记这类解决方法的提示，会帮助团队成员学会如何找到答案。

　　TOP5% 领导者时常考虑的是团队如何实现目标，他们明白适当共享信息和进行教育的重要性。

准则 6：注重达成共识的交流

　　TOP5% 领导者的交流特征，一言以蔽之，不是为了"表达自我"，而是为了"达成共识"。

　　普通员工和普通领导者交流的目标是"表达自我"，这是一种以说话者为主导来输出信息的单方向交流。因为是单方向交流，说话者的话语就容易冗长，演示资料的字数也会增多，这时交流的目的是表达自我，对方的反应是次要的。比起对方是否理解了，表达一方认为最关键的是自己想讲的事情是否讲明白了。

　　与此相反，TOP5% 精英和 TOP5% 领导者追求"达成共识"的交流，他们交流的目的是让对方明白自己的想法，和对方产生共鸣，让对方按照自己的意志行动。

不论对方是否逐字逐句听了下来，能理解自己讲的内容并有所行动，才是交流成功的标志。在达成共识的交流中，听者，即对方是交流的主角。如果对方想喝咖啡，就拿出咖啡；如果对方想喝水，就端出水。若想让说话者和听者的双向交流顺利进行，就要让听者也表达自我。

某制药公司的 TOP5% 领导者就非常重视销售活动中的问答工作，他们会在最后留出问答时间，请顾客提出问题。他们不只让顾客去听，还让顾客提出疑问，只有这样，"对话"才能成立，"共鸣和共创"也更容易产生。提问并答疑其实就是对话时间。

我们曾为某 IT 公司的线上例行研讨会提供过服务，发现提问数量和研讨会后 9 个月内的订单数量有密切的联系。在线上研讨会提问过的参会者，在之后 9 个月内购买服务的概率会更高。问答活动越活跃，单方面说明的情况就越少，越能形成双向交流，参会者的行动力也就越强。用对话带来共鸣、共创，促进洽谈成功，TOP5% 领导者的这一经营手段是很有道理的。当然，有时说话者和听者的目的并不相同。说话者的目的在于"告知对方某些信息""希望对方告知自己某些信息""打动对方"。而听者的态度则是"不想被出卖""不想被骗"，他们"只想加深了解"。

为了吸引有这种想法的顾客（听者），TOP5% 领导者（说话者）进行了行动实验。在进行线上洽谈、线上会议时，他们将网络摄像头置于视线平行处，其中有60% 的人还会面对摄像头努力与对方对视，并在对方讲话时用力点头表示共鸣。"对面的人推心置腹地和我讲话，所以我也要以诚相待"，这是一种基于回报性原则的心理。TOP5% 领导者深谙这一心理，所以他们的交流往往从闲聊开始。

普通领导者意在将信息传递给对方，而 TOP5% 领导者意在促使对方行动起来。毫无疑问，和团队成员之间产生共鸣也好，提高业绩也好，这都是通过让员工行动起来才能实现的。

准则 7：放弃紧急但不重要的工作

领导者工作忙碌，每天会收到大量邮件，且填满在日程表上的公司内部会议也让他们痛苦不堪。在缺乏明确标准的情况下，他们只得完成眼前的工作，导致有时他们会事后后悔把时间花在了不那么重要的工作上，或是错过了没那么紧急却很重要的事情。不主动考虑工作的先后顺序，没有计划地处理手头的工作，这样的工作方式没有效率可言，反而会让他们更加忙碌。领导者所需的不是更多的时间，而是将有限的时间花在重要的工作上。

某信息通信业的一位 TOP5% 领导者曾说过："要稍微抽身于眼前日常性的事务，以着眼长期目标的实现来管理进度。"现在，越来越多的员工通过远程办公方式也能保质保量地完成工作，由此，他们不禁会想要留出更多的时间和家人待在一起，或是充实自己，让自己的人生更加丰富多彩。

　　富兰克林柯维公司（FranklinCovey）提出的"时间管理矩阵"，帮助我们将时间的使用可视化，并将时间分配到不紧急但非常重要的任务上。另外，还可以使用"回报矩阵"来整理任务。回报矩阵由"效果"和"实现可能性"（实行成本）构成纵横轴，这种框架能帮助我们有效率地进行思考和选择。

　　将这两种矩阵合并，可以构成对现有任务的两个评价轴，在视觉上帮助我们做出对比。这一环节的目的不是整理工作任务，而是确认下一步行动。

　　下一步行动就是快刀斩乱麻，"决定放弃什么"。

　　时间管理矩阵想传达的最本质的内容是，确认自己并非在做紧迫性、重要性都很高的工作，并鼓起勇气放弃那些很紧急但不重要的工作。

　　回报矩阵的意义在于探讨如何实现影响力高、但实现可能性低的工作，其目的在于让我们放弃实现可能性和影响力都低的任务，并放弃实现可能性高、但影响力低的任务。通过这种框架内的相关对比，让我们看清楚应该放弃的东西，因为如果不决定该放弃什么，工作就会越积越多，加班时间也会越来越长。TOP5% 领导者考虑到团队的持续成长，需要不断做出决定，但同时为了改进工作，也会不断尝试新的挑战。

　　工作时间内的效率，是 TOP5% 领导者和普通领导者的一个不同之处。TOP5% 领导者虽然接受了新的挑战，但用于工作产出的时间却相对较少，因为他们决定了该放弃什么。当接受一项新的工作任务，接受一次新的挑战时，我们首先要决定放弃什么。**TOP5% 领导者认为，要想提高工作效率，比起提高业务处理能力，不如先学会放弃。**

准则 8：使用 5 种以上的赞同方式

　　TOP5% 领导者常被员工认为是善于倾听的人，因为他们营造了一个让员工愿意交流的环境。对员工进行匿名调查的结果显示，很多人表示"善于倾听的人能保持'适当的距离感'"，这说明 TOP5% 领导者对距离感的把握非常好。

实际观察 TOP5% 领导者的对话方式也会发现，在谈话时，他们很少会被对方打断，1 小时内他们被打断的平均概率不到普通领导者的 1/4。这是因为在谈话时，TOP5% 领导者会认真倾听对方的诉说，他们侧重于"听"，从而获得对方认同。为了一开始就让讲话不被打断，也有的 TOP5% 领导者会在说话之前深呼一口气，在心中进行一个停顿。我们的一家物流服务行业的客户公司的领导者在将调节好呼吸再讲话形成习惯后，他的讲话被打断的概率降低了 70%。

但时间上的停顿也要有度，停顿时间过长反而容易让对方感到不安。我们对 18 154 名领导者和团队成员进行的问卷调查显示，超过 3 秒的沉默被视为是非常恐怖的。想要在讲话时不被对方打断，适当的说话停顿是非常重要的，但为了不让沉默超过 3 秒，TOP5% 领导者会在对方讲不下去时伸出援手，用附和或点头的方式来延续谈话时间，这样对方回应的空间自然就出现了。

　　TOP5% 领导者表达赞同的方式有很多，这也是他们的一个特点。普通领导者在听对方讲话时，表达赞同的方式平均有 2.5 种，无非就是"是""原来如此"等词语。和普通领导者相比，TOP5% 领导者表达赞同的方式多样且灵活多变，平均有 5.2 种，包括"是""原来如此""嗯""果然"等表达。

　　采访团队成员时我们发现，如果听者的赞同方式太单调，会让人怀疑他是否真的在听。"是，是，是"这样重复同一个词语的赞同方式，会让人觉得敷衍了事，相比之下，只是用不同的方式表达赞同，就会让对方觉得"他是在认真地听我说话"。让说话者感觉到被倾听，就能使交谈的节奏更加流畅。

AI 分析でわかった

トップ5%

リーダーの習慣

第 4 章

TOP5% 领导者的 7 个工作习惯

TOP5% 领导者	普通领导者
把有限的精力和时间投入到自己能发挥作用的工作中。	不注重扩大自己的能力范围。
舍弃陈旧的思考方式，不断获取新体验、新知识。	执着于自己的想法，炫耀自己的各种资格证明。
嘴角上扬，会注意利用非语言交流，尤其是表情。	嘴角下拉，表情会让周围的人误以为他很不高兴。
将反思形成制度，回顾自己做过的工作和取得的成绩。	没有将反思规划为日常业务中的一个环节。
提高感知力，不断在偶然的机遇中寻找机会。	没有定期参加线上交流活动的安排。
关注人，认为机会由他人带来。	关注目标的实现和工作本身。
如实地传达出自己的信息与情绪。	自尊心很强。

习惯 1：扩大能力范围，在擅长的领域创造成果

TOP5% 领导者十分清楚，人的精力和时间是有限的，因此，他们十分注重把有限的精力和时间投入到自己能发挥作用的工作中。人生不如意事十之八九，如果总把精力和时间花费在自己无法发挥作用的领域，那便无法转变局势。

TOP5% 领导者会通过内省，确定自己能发挥作用的领域（即内圈）并不断改进，将其扩大。内省是自我回顾、思考的时间，通过内省，我们能看清楚自己的精力都花费在了哪里。在自己能发挥作用的领域

取得成果，内圈就会不断扩大。例如，在自己擅长的领域创造成果，你会得到周围人的信任，工作时也能选择自己喜欢的方式，且工作上的选择也会变多，如公司内部的岗位调动或是跳槽。增加选择，并根据自己的意志做出选择，TOP5% 领导者把这视为"扩大内圈"。

TOP5% 领导者指导员工去理解自己能发挥作用的内圈和自身无法控制的外圈的区别，帮助员工做好职业规划。若能关注内圈，将通过内省学到的东西活用在下一次的行动中，就一定能成长。一个人一旦改变行为模式，就容易出成果，也能提高其在公司内外部的评价。而得到的评价提高了，他就有了决断权和更高的职位，内圈也会扩大。这个不断扩大的内圈，就是 TOP5% 精英内心的精神支柱。

习惯 2：更新信息，适应外部变化提升自己

在自我修炼上，过度的自我肯定、自我满足，都会

妨碍成长。

　　TOP5% 领导者不执着于自己的想法，而是广泛听取各方意见，实现自我发展。他们明白，过度拘泥于有限的经验或知识，有可能造成行动上的停滞。所以他们注重技能的提升、信息收集方式的更新，其策略在于多接触新信息、多听取各方意见。

　　TOP5% 精英和 TOP5% 领导者对日本政府大力提倡的"在职教育"表现出极强的兴趣，在繁忙的工作之余仍坚持在商学院学习的领导者中，TOP5% 领导者的人数是普通领导者的 4 倍。实际上，78% 的 TOP5% 领导者主张提升业务技能，与此同时，也有 61% 的 TOP5% 领导者有决心对已掌握的东西放手，会这样做的 TOP5% 领导者的人数是有着相同做法的普通领导者的 4 倍以上。例如，很多 TOP5% 领导者删去了名片上 5 年多前取得的 IT 相关资格证明；有人会炫耀自己的实用英语技能鉴定（TOEIC）、理财师等资格证明，但有的 TOP5% 领导者会隐去自己的社会保险工作者、职业顾问等资格证明。取得资格证明不是 TOP5% 领导者的目的，

"通过获取资格来证明自己能做成点什么"才是。不能创造价值的资格证明等同于没有，所以他们不会提。

创造产出已经成为 TOP5% 领导者的习惯，为此，他们一直通过读书来充实自己。但他们不会刻意去形成"必须读书"的心态，而是像喝水一样，将阅读自然而然地转化为生活中的一部分。TOP5% 领导者的年均阅读量为 49 本，是普通领导者的 12 倍。

TOP5% 领导者清醒地认识到，要想适应社会发展、提升自己，就要舍弃陈旧的思考方式，不断获取新体验、新知识。

习惯 3: 保持微笑，避免不必要的误解

在公司办公、远程办公混合的工作环境下，不依赖语言表达的非语言交流发挥着重要的作用。表情、语调、分寸感、气氛、视线等因素如今发挥着比语言还要强大的作用。

美国心理学家艾伯特·梅拉比安（Albert Mehrabian）在 1971 年提出了著名的"3V 法则"。梅拉比安认为，在交际中，表情、视线等面部表现的视觉信息（Visual）对对方的影响占 55%，通过语调、语速等产生的听觉信息（Vocal）的影响占 38%，而语言信息（Verbal）的影响只占 7%。

梅拉比安的 3V 法则往往被解读成"以视觉信息打动人心"，这是不正确的。在利用梅拉比安的 3V 法则时，满足视觉信息、听觉信息和语言信息三者协调一致是十分重要的。三者越协调、越完整，传播越容易。当视觉信息、听觉信息、语言信息三者中任意一方不平衡时，才会出现视觉信息＞听觉信息＞语言信息的先后顺序。

不同交流方式和传播容易程度的关系如图 4-1 所示。

如果这三者中的任一方有所欠缺，有时就会降低交流的效率。日本人在交流时擅长根据语境理解意思，他们察言观色，小心谨慎，以确保不伤害对方的感情。如果上司发火了，下属会避免主动上前交流，并尝试制作更多的资料来进行解释。

	非口头技巧（非语言技巧）			气氛
			表情	表情
		倾听方式	倾听方式	倾听方式
	会话节奏	会话节奏	会话节奏	会话节奏
语言	语言	语言	语言	语言
邮件	聊天	电话	线上会议	面对面

图 4-1　不同交流方式和传播容易程度的关系

　　交流变少，容易产生认知差距，尤其是"看上去不高兴的表情"，容易造成双方的隔阂。说话者本人并没有生气，但其表情会让周围的人误以为他很不高兴，从而谨小慎微地应对。尤其是男性在上了年纪后，面部肌肉下垂，更容易看起来像是在生闷气。我有时也会不自觉地嘴角下拉，眉头微微蹙起，导致周围人不敢接近。

据我观察，女性在放松状态下，嘴角会自然地轻微上扬，而男性则多是嘴角下垂。某位男性可能本没有什么不愉快，但看起来却让人以为心情不好，这会让其本人和周围的人都很困扰。

TOP5% 领导者擅长对话，他们会注意利用非语言交流，尤其是表情。Cross River 公司在采访 TOP5% 领导者时，几乎没有看到他们露出过不愉快的表情，而与此相反，普通领导者的表情常常令人生畏。忙碌的工作中还要花费时间配合调查，有些普通领导者确实会不高兴，但也有人即便心情很好，却偏会表现出不高兴的样子。

TOP5% 领导者接受采访时表情自然，十分配合。为什么他们可以营造出这种便于轻松交流的氛围呢？我们分析发现，原因在于嘴角上扬的程度有所区别。嘴角上扬的人会配合交流，让别人感受到他们在全身心地倾听。

我们还猜测，嘴角上扬这一行为可能影响着人的心理安全感。嘴角放平的状态，会给人留下认真倾听的印象；嘴角下拉的话，则给人以不高兴的感觉。

我们没有科学依据去判断嘴角上扬多大幅度为佳，但可以这样说，嘴角上扬约 15 度，就会给人以积极的感觉。我们随机抽取了 28 名接受采访的 TOP5% 领导者后确认，他们在听问题时，嘴角都上扬了 15 度左右。在听别人说话时，他们的嘴角上扬了 15 度左右；而轮到他们自己说话时，嘴角上扬了 20 度左右。我们还查看了 20 位普通领导者的采访录像，发现他们中只有 20% 的人会上扬嘴角。

由此可以假设，TOP5% 领导者若形成了嘴角上扬约 15 度的习惯，就会避免因表情给对方造成误解。

TOP5% 领导者不会做出让人误解的表情，而是呈现出恰当的神态，并营造易于让双方轻松交流的氛围，促成双向交流。就像我们通过发声练习来传递出让人愉悦的声音那样，如果表情自然，让对方感到舒服，那么人际关系也会融洽起来。

习惯 4：定期反思，持续不断地行动

能定期审视自己的行为活动，是 TOP5% 精英的一个好习惯。每两周翻开一次日历，回顾自己做过的工作和取得的成绩，他们这种反思的频率是普通员工的 8 倍以上。

而 TOP5% 领导者为了确保有时间反思，做到了将反思形成制度。他们会事先在笔记本或日历上记下在什么时候反思，也就是"反思时间"。忙于日常业务的领导者总会遇到计划外的突发情况，等到回过神来，时间早已经被各种内部会议占用。TOP5% 领导者希望团队成员能轻松地与自己交流，或是留有自己的休息时间，所以他们会事先留出一些机动时间（空闲时间）。

研究 TOP5% 领导者的群组件后，我们发现他们以 10 ～ 15 分钟为单位进行日程规划，其细致程度是普通领导者的 2.8 倍。在会议间隙和行程中的空闲时间里，他们会安排一些小事务或短暂的休息。如果这些计划也被明确地写在日历上，会让人感觉一天的日程都被

工作填满了，所以他们将其统一设定为"空闲时间"。

而被明确标记出的空闲时间就是反思时间。TOP5% 领导者一般会在周三或周五下午 3 点左右留出10 ～ 15 分钟的反思时间，利用这点时间喝杯咖啡，抽支烟，反思一下最近的工作。他们把这些写入待办任务清单里，并随时确认进展。

TOP5% 精英也会无意识地进行反思，但 TOP5%领导者能做到细致规划，将其融入自己的工作计划中，并且记录反思的结果。

如果没有将反思规划为日常业务中的一个环节，那么反思工作就无从谈起。**TOP5% 领导者追求成果的不断产出，因此会尽量将工作的各个环节程序化。不能只凭激情工作，也不能被辛苦打倒，他们会想办法持续不断地行动。**

这也是把反思时间写进日程，并核对待办任务清单的意义所在。

习惯 5：提升感知力，在偶然的机遇中寻找机会

在第 1 章我们说过，TOP5% 领导者走路步速慢，这或许是因为他们想要创造员工主动前来交流的机会，才故意放慢脚步做出一副悠闲的样子，留出时间以便员工能轻松地上前问："您现在有时间吗？"TOP5% 领导者很清楚与人交流能带来机会这个道理，所以不会拒绝和人接触。

有的人会在工作中挑别人的毛病、嫉妒别人，而取得了突出成果、获得了无数好评的 TOP5% 领导者有时就成了这些人的靶子。虽然会有一些可疑的人接近自己，但 TOP5% 领导者也并不会因此拒绝和这种人接触，他们会在适当接触之后，按照自己的评价标准去做出是否继续交流的判断。就这样，他们有意识地增加和他人建立关系的机会，不断扩大人际关系网，从而也赢得了偶然的机遇。

这种倾向性在病毒流行的当下同样显著，为了将偶然的机遇变成必然，他们会在各种数据中广泛寻求信

息。这两年线上交流的机会大幅增长，尤其是在工作日傍晚的学习型线上交流中，人与人的接触格外盛行，那些线下难以亲自去参加的交流活动在变成线上活动后，参加者就能轻松加入了。

有些线上交流也会推销产品和服务。如果 TOP5% 领导者意识到这里是可以汲取知识的场所，便会积极参加，而一旦他们觉得活动内容不是自己想要的，就会立刻退出，不浪费时间。参加这样的活动，有时还会带来意想不到的收获。例如，有时他们花了 3 个多月苦苦思考却仍没有解决某个问题，但在短短 30 分钟的线上交流中就找到了答案；或是读了 3 个小时还没有读懂某本书，在参加了一次线上读书会后便一下子恍然大悟，明白了书中的道理。

我们采访了 1.7 万名商务人士，发现有 62% 的人参加过线上交流活动，而 TOP5% 领导者参加线上交流活动的比例高达 98%。普通领导者定期参加线上交流活动的比例为 22%，TOP5% 领导者的这一比例为 77%，是前者的 3.5 倍。TOP5% 领导者同样活跃在数字信息世界，主动赢取更多的偶然机遇。

将偶然转化为必然，这也是 TOP5% 领导者的一个特质。

灵活利用远程办公

远程办公能提高工作效率，它不受制于工作地点，能够实现多人共同操作，给我们带来很大的便利。但远程办公也减少了人与人面对面交流的机会，因而难以做到共情，难以保证心理上的安全感。今后的工作方式或许会继续分化为去公司上班和远程办公的混合形式，如何保证员工人际关系的良好发展，消除不必要的疑虑，并推进更为灵活的合作，是非常重要的。

TOP5% 领导者具有先见之明，能够意识到将来可能产生的问题，所以不管是来公司的员工，还是远程办公的员工，TOP5% 领导者都很好地注意到了要与他们建立良好关系。领导者的工作之一就是合理分配人力和时间，从而推进业务的顺利进展，但在去公司上班和远程办公两种工作方式都存在的情况下，这种合理的分配就变得难以进行。TOP5% 领导者追求的不是短期目标的实现，而是持续创造突出的成果，所以他们会把时间更多地用在紧迫性低、重要性高的工作上。

TOP5% 领导者还会花费很多精力培养员工。关于员工今后的职业发展，上司和下属会定期进行交流，这种职业生涯规划面谈已成为很多公司的一项制度。但过于形式的面谈反而会打击员工的积极性。在变化如此迅猛的时代，想象三五年之后的自己本就不是一件容易的事情。

或许有的员工对未来并没有清晰的目标，其中有的人只是着眼于做好眼前的工作，但缺乏对个人发展的长期规划。若团队里有这样的员工，TOP5% 领导者并不会强制其去勾画未来蓝图，他们会努力先让员工想清楚什么是自己可以做到的，什么是自己想要去做的。

进行职业生涯规划面谈时，比起让员工回答将来想要做什么工作，TOP5% 领导者更希望员工回顾过去、思考现状，反思自己哪些地方做得好，哪些地方还有不足，再在此基础上交流未来的规划。就算是我本人，在三五年前，也完全没有想过今天的自己是什么样子的。

　　一个人的职业生涯实际上并不会完全按照计划发展，很多时候一些偶发性事件会带来改变。我曾进行过职业规划的指导，发现 70% 的人的履历源于偶然的机遇。例如，在公司走廊突然被擦身而过的其他部门领导叫住，一段闲聊促成了之后的人事变动；偶然翻看杂志，发现了一个有趣的线上活动，参加后竟遇到了梦寐以求的职业偶像；甚至是去了一趟书店，随手拿起的竟然是一本改变人生的座右铭之书。

　　但远程办公限制了员工的行动，使这样的偶遇大为减少，员工难以和其他部门建立联系，也无法通过闲聊获得商业灵感。为此，TOP5% 领导者会想方设法为员工创造这样的偶然机遇。

　　员工一对一交流的对象不能仅限于领导者，因而

TOP5% 领导者会拜托同期入职的同僚来与员工对话，或是和员工一起参加一些大家都感兴趣的线上交流会。他们会让员工介绍喜欢的书籍，分享读后感，自己也推荐书目，让彼此有新的了解。

增加偶然机遇的方法

在客户公司中，有的领导者会组织员工互相分享读后感，这样的读书会也让人收获很多成果。大家不仅会阅读商业书籍，也会以时代小说、绘本为主题召开线上读书会，营造一个轻松的读书氛围，让感兴趣的人都可以参加。有的人在听完别人对某本书的读后感后，也去找那本书看，继而改变了自己的工作方式；还有一位四十多岁的男子，在看了别人推荐的绘本后，受到色彩的视觉刺激，从而迷上了绘画。这些偶然机遇最终改变了这些人的想法或行为。

在不知道会发生什么的事情上花费时间，看起来好像是一种浪费，但不播种怎能期盼发芽？TOP5% 领导者相信不管是商务活动，还是职场活动，都蕴含着各种各样的机遇，而不抓住这些机遇，就不会发生任何变化。

TOP5% 领导者会提升感知力，不断在偶然的机遇中寻找机会，因而他们能努力打造一支强大的队伍，提高团队成员的意识，带领大家齐心协力解决问题。

习惯 6：主动寻找机遇，掌握选择的主动权

TOP5% 领导者认为机会不会从天而降，而是由别人带来的。这不是运气好坏的问题，所以 TOP5% 领导者会主动寻找机会，并留心多去接触他人。当然，我们能够理解，那些不断取得突出成果，在公司内外都获得高评价的领导者难免自高自大、趾高气扬。但他们不知道的是，自己不具备周围人所夸赞的能力。

在采访中，使用"运气好""受到了照顾"等积极表达方式的 TOP5% 领导者，要比普通领导者多得多，尤其是"多亏有大家"这句话，TOP5% 领导者的使用

频率是普通领导者的 7.7 倍，是 TOP5% 精英的 1.8 倍。我在回顾自己的工作时，也发现自己 80% 成绩的取得都源于周围的人带来的机会。我这样说并不是因为我好比中彩票一样幸运，或是自带幸运体质，而是真切地感受到了"正是他人给予了自己修正行为的机会"。

虽然并不是所有的机会都会为自己所用，但比起缩在壳里什么也不做，不如抓住别人给予的机会，改进自己的行为，哪怕分毫，也是进步。TOP5% 领导者非常清楚，人生不是赌一把以求彻底转变，而是不断重复细微的行动改变，并在失败之后还能进行修正，如此才能取得成果。TOP5% 精英更关注的是目标的实现和工作本身；而 TOP5% 领导者全力关注的是人，因为他们认为机会由他人带来。

要想不错失他人带来的机遇，不切断和他人的联系就显得格外重要。其间，可能会有人心怀不轨地接近，而这些人也确实会伤害别人的自尊，以此实现自我相对的满足；甚至还有人通过"骑在别人头上"来维持自己的自尊心。但为了将这种危险降低到零而切断与他人联系的办法，并不能从本质上规避风险。**不切断和可能会带来机遇的人的联系，保持基本的信任感，在合规并不受伤害的前提下，努力抓住机会，那么未来的可能性也就更多。**

在商务活动中，抓住变化带来的机遇，不仅指观念上的改变，更多地还在于行动上的改变，这样才能掌握选择主动权，实现自我成长，收获成长的喜悦。这就是 TOP5% 领导者的展望。

我非常赞同这一观点。我曾受到一家客户公司的委托，对其 TOP5% 精英进行调查，没想到这一调查也大大影响了我的工作方式。TOP5% 精英为了达成目标，会去找捷径。在建立人际关系的过程中，他们并不畏惧让别人看到自己的短板，这些做法都深深地影响了我的行为。而这次对 TOP5% 领导者进行的采访、调查，又带给我一次改变自己行为的机会。

- 会议前 2 分钟通过闲聊，建立心理安全感；
- 不仅关心合作是否达成，还要关注合作涉及的人；

- 建立一种可持续行动的机制，而不是仅依靠动机工作。

通过以上做法，我收获了新的发现和新的感悟。

TOP5% 领导者不会错过他人给予的偶然机遇，而会将其转化为自己的行动，不断创造成果。他们还把这种良性循环的道理教给员工，支持团队成员尽可能地寻找发展机会。

习惯 7：坦然示弱，以展示真实的 自我来拓展人脉

谁是你能信任的人？

家人、伴侣、同事，或许他们会向你示弱，也因此，你才会信任他们。越是能站上管理岗位的人，自尊心可能就越强。还有的人在做了领导者之后，自尊心更强了。

自尊心有时是必要的，但在和成员一起共事时，无甚用处。领导者若是自尊心很强，员工就会产生顾忌，不能畅所欲言。**对于团队成员而言，领导者的自尊心会给他们造成心理障碍，因此，若领导者在和团队成员建立关系时展现自我，会取得很好的效果。所谓展现自我，就是如实地传达出自己的信息与情绪。**

广岛大学的一项心理学研究也证实了展现自我的效果。发表于 2004 年的论文《自我展示对亲密关系及交流手段的影响》提到，实验证明：交谈时通过推心置腹的交流方式，能增加人际关系的亲密度，形成彼此间比较牢固的关系。

除了个人信息，将自己的情绪传述给对方，也算是一种展现自我。毫无保留地说出自己的心情和想法，更容易让对方产生共鸣和理解，这和心理学上的"好意的回报"心理有相通之处。回报性原则适用于信任关系的建立，即对方若能坦诚相待，自己也会毫无保留。例如，当我们想了解团队成员的工作价值时，如果直接提问"你的工作价值是什么"，只有 12% 的人能回答上来。

但如果我们先讲述自己在工作中的心得，然后再问"你也曾感受到这样的工作价值吗"时，竟让 78% 的人讲出了自己的感受。

在实际的商务活动中，需要借助很多人去解决一些复杂的问题，这时就需要良好的人脉。最近人们常听到的"设计思维"，就是源自对"为什么"的思考发展而来，是一种具体展现问题解决方案的办法。"设计思维"让工程师、商务专业人士和设计师分担职责，三位一体地推进工作。通过 3 种工作性质不同的成员的交流，会产生意想不到的好点子，从而能够结合每个人的想法推进工作。只有充分了解每一位员工的优势、劣势，才能明确责任范围，让所有人不断朝同一个目标前进。

如果能在意志坚定、会共享计划的公司内部员工，以及公司外部研讨会结识的商务专家等形形色色的人当中，和让自己产生了"为了你才会这么做""和你一起才会这么做"等想法的人建立关系，就一定能获得更多实现目标的手段，从而有利于问题的解决、想法的实现。建立这样的人际关系后，领导者也会更容易关注外界环境的变化。

TOP5% 领导者有很强的公关能力，能不断扩大人际关系圈，寻找解决问题的新办法。

TOP5% 领导者与众不同的个人习惯

1. 敲击键盘动静大

敲击电脑键盘时，TOP5% 领导者会比普通领导者发出更大的声响。很多 TOP5% 领导者会连续敲击键盘，最后露出微笑，并动静格外大地摁下"Enter（回车）"键。

为什么 TOP5% 领导者要这样敲击键盘呢？我们进行了询问，却没有得到明确答案，似乎他们的这一行为是无意识的。而在查看录像、采访之后，我们发现他们往往会在发送完重要邮件，或制作完成一份资料时，大力敲击键盘，以示手头工作的结束。敲击键盘的声音过大，可能会给身边的同事带来困扰，因此在公司工作时，考虑到对周围人的影响，TOP5% 领导者不会特别用力地敲击键盘；在线上商务洽谈和与客户交流时，他们也不会这么做。比起在公司，TOP5% 领导者更有可能在线上远程办公的时候，用力敲击键盘。

2. 更愿意在买麦克风上多花钱

TOP5% 领导者重视和对方"达成共识"，所以在线上商务洽谈中，格外注意麦克风的性能和放置位置。在讲话时，头戴式麦克风的话筒会贴近脸颊、领口或者口罩，所以他们会关注话筒是否能消除杂音。TOP5% 领导者更愿意花钱购置好的麦克风，普通领导者则更愿意在摄像头上多花钱。TOP5% 领导者为了避免让听者产生不适，会选择使用收音效果好、降噪性能优的麦克风，而普通领导者注重形象，所以更愿意买像素高的摄像头。

如果交流的主角是听者，那么 TOP5% 领导者的考虑是正确的。诚然，有影像比没有影像要好，且高像素画面能清晰地呈现人的喜怒哀乐，有利于得到听者的信任。但即便摄像头的像素提高了，也并不一定对结果有直接影响，而清晰的声音表达却能影响结果。在线上商务洽谈中，没有杂音的交流，能带来更高的签约率。让对方感到不适的不是影像而是声音，为了让对方获得音质清晰的听觉感受，准备高性能的麦克风合情合理。

AI 分析でわかった

トップ5%

リーダーの習慣

第 5 章

TOP5% 领导者让团队
充满活力的 7 个行动

TOP5% 领导者	普通领导者
告诉员工这样做可能比较好。	告诉员工必须这样做。
成功后思考为什么会成功。	失败后会从人的角度寻找原因。
营造轻松氛围，空出时间让员工主动前来交流。	表示自己很忙。
深究问题产生的根本原因。	优先考虑解决眼前的问题。
用形容词、副词生动地表达，降低指示代词的使用频率。	在例会上发言更多，表达冗长，一句话来来回回地说。
建立和员工的信任关系，共同思考，共同行动。	更重视执行，目的只在于行动本身。
夸赞员工的能力、感受、行动，给予员工积极反馈。	直接指出员工的错误或给出消极评价。

行动 1：促使员工行动，在行动中转变意识

　　TOP5% 精英认为"彻底改变人的意识几乎不可能"，TOP5% 领导者也持同样观点。TOP5% 精英和 TOP5% 领导者都知道，改变意识可能需要 5 年，甚至 10 年，所以应该先去改变行为，进而带来意识的改变。

　　TOP5% 领导者注重提高组织整体的工作效率，所以会努力改变包括自己在内的所有团队成员的行为。为此，TOP5% 领导者煞费苦心，即便员工失败了，也不会加以责备，而是去增加员工的行动机会。例如，比起提高销售签约成功率，TOP5% 领导者更希望员工多出

方案。当然，这样做的前提是领导者能接受签约成功率没有得到提高。TOP5% 领导者相信多行动才能多学习，然后在下一次的行动中将学到的东西灵活运用。他们不会仅着眼于当前判断成功或失败，而相信将小的失败不断积累，终会成就大的成功。经过多次重复PDCA①，人可以高效修正行为，在最短时间内获得成功。

话虽如此，员工在面对新挑战时，仍常常踌躇犹豫。TOP5% 领导者会用心鼓励员工先去做精神压力小、简单易达成的工作，通过一对一交流倾听员工的想法，并给予反馈，从而引导员工在意识上作出细微的改变。员工一旦因行为的改变而从工作中获得了成就感，建立了自信，那么整个团队就会充满积极的正能量。精神压力小的行为实验若能给员工带来意识上的轻微改变，也会降低其改变整个行为的心理压力，从而有了开展下一步行动的勇气。

---

① PDCA 分别表示计划（Plan）、执行（Do）、检查（Check）和处理（Act）。——编者注

员工改变行为后取得的成绩，一定要给予认可

我们向 16.3 万名调查对象提出过一个主观简答题：
"你会在什么时候感受到工作的成就感？"大部分人的
回答都集中在"实现""认可""自由"这几个关键词上。
其中，回答"认可"的人较多，如"当听到别人对自己
说'谢谢'时""当顾客感谢自己时""当感到奖金增加
了一些时"……由此可见，很多员工都有被认可的需求，
因为被认可能激发他们的能量。

微小的成就感就能降低行动上的障碍

对不断达成目标、不断得到认可的员工，TOP5%
领导者会给予（和责任互为表里的）自由，作为对其成
长的奖励。并不是所有 TOP5% 领导者都能准确理解这
种机制并加以利用，但有 72% 的 TOP5% 领导者明白，
微小的成就感就能降低行动上的障碍。

这一点，在 TOP5% 领导者和员工的一对一交流中

体现得尤为明显。TOP5% 领导者想通过行动来改变员工的意识，所以他们和员工交流的目的是提高员工的主动性，让对方愿意行动。调查结果也清晰地显示出了一定差异。我们在询问普通领导者进行一对一面谈的目的是什么时，得到最多的回答是"为了进行交流"，第二多的回答是"搞好关系"。而在 TOP5% 领导者的回答中，最多的是"促使对方行动起来"。不过，让员工按领导者的想法行动并非易事，TOP5% 领导者会根据以下两个原则促使员工行动。

第一个原则是让员工建立认知。TOP5% 领导者首先会告诉员工工作的意义、目的以及工作能带来什么，以此提高员工的积极性。为此，他们不会一下子就掌握起谈话主动权，而是让员工心情愉悦地主动讲话，愿意积极表达，然后再逐步告知员工工作中的受益点，激发员工的工作兴趣。

TOP5% 领导者不会单方面下指示"你必须这样做"，而会用"这样做可能比较好"这样让人舒适的表达方式，激发员工的兴趣。但员工未必会立刻采取行

动，所以 TOP5% 领导者会在谈话的最后推动一把，提
出一些小的行动实验建议，例如，他们会建议"下个月
早起一次试试看"，因为员工正在兴头上，面对压力小
的挑战时，便会觉得"或许我能做到"。交流能力开发
法的步骤如图 5-1 所示。

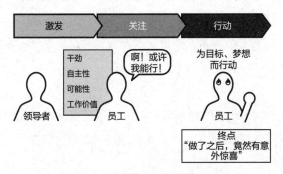

图 5-1　交流能力开发法的步骤

　　TOP5% 领导者的目的不只是让员工行动起来，而
是让员工将发生改变的行动固定下来，所以第二个原则
是留给员工反思的时间。TOP5% 领导者会不经意地询
问员工是否已经进行了此前在一对一交流时提议的"小
的行动实验"，这样问的目的不是确认员工做了还是没

做，而是想了解员工在进行行动实验时的心理感受。

对 TOP5% 领导者的采访发现，大约 80% 的员工在切实行动之后的交谈中，会回答"没想到这么棒"，这说明员工的意识确实发生了改变。不是意识变了，行动才变，而是行为上的细小改变，让员工产生"没想到这么棒"的感受，从而体会到挑战的乐趣。这正是 TOP5% 领导者促使员工改变行为并从此这样行事的原理。

TOP5% 领导者认为，可以在涉及管理层或和公司内外利益相关的工作中，灵活运用通过行为改变促进意识改变的工作方法。

行动 2：总结成功因素，寻找可复制模式

普通领导者在项目或销售活动失败后，往往会从"人"（who）的角度寻找原因。"你没有做好充分准备，所以才会失败"，如果领导者这样责备，可能会导致员

工为了避免工作再次出现失误而行动僵化。如果工作取
得了成功，领导者表扬的话语却是："运气真好！"有
那么一瞬间，员工也会感到高兴，但一旦员工觉得成功
不是靠自己的实力，而只是凭借运气，就难免会感到失
落，并误以为以后的工作也可以不用努力，只需凭借运
气就可以了。

　　不管是失败还是成功，领导者的反应有时会让员工
感到高兴，但有时也会让他们觉得失落。领导者作为一
个团队的领头羊，不能因为一时的成败而大喜大悲，而
要建立一个取得成功的机制。

　　谁都会在失败之后进行反思，并发誓不再失败，但
TOP5% 领导者和普通领导者的差距就在于成功之后的
表现。普通领导者若取得了成功，通常会充满成就感，
不会内省；而 TOP5% 领导者在成功后会以更谨慎的态
度去深刻思考成功的原因。只有 3% 的普通领导者在项
目成功后能进行内省，而大多数 TOP5% 领导者能做到
这一点。**TOP5% 领导者会创立一个可重复运行的模式，
在失败的时候反省，成功的时候总结经验。**

行动 3：营造轻松氛围，让员工主动前来交流

我们在采访了 113 名 TOP5% 领导者之后，感到特别震惊的一点是，他们之中没有任何一个人会说"忙"这个字。这其中，有的人周六周日都在加班，是在处理完工作中棘手的问题后接受的采访；还有的人在线上应对完世界各地的客户之后，立马接受了采访。他们之中肯定有人忙得团团转，但他们没有把"忙"字说出口。

我们也采访过 102 位普通领导者，虽然并没有几个人表现出不情愿的态度，但是有 60% 的人提到"人手不够"或"自己很忙"。

那些会让员工乐于上前交谈的 TOP5% 领导者有一种特别的停顿方式，给人一种"跟他说什么都可以"的感觉。Cross River 公司参与这次调查的同事，也在采访 TOP5% 领导者时，不觉间心情舒畅，原本是倾听者的这位同事反而说得更多。

深入研究容易被人打招呼的 TOP5% 领导者的行为记录后，我们发现他们和普通领导者相比，工作量要更大，管理的员工更多，负责的商品种类、客户数量也都不少，且还要参加很多会议。而他们的日程都以 15 分钟为单位安排，间或有小块的空闲时间。一般个人日程安排软件的初始设定都是以 1 个小时为单位，但很多 TOP5% 领导者会将其更改为 15 分钟。当然，并不是所有的 TOP5% 领导者都会如此，但我们可以肯定地说，约有 31% 的 TOP5% 领导者会这样做。

以 15 分钟为单位设定时间的 TOP5% 领导者表示，他们这样做是特意为了留出没有会议的机动时间。接受采访时，很多 TOP5% 领导者表示"只是碰巧有时间""想缩短会议时间"，这和 TOP5% 精英的想法一致。但当我们追问留出机动时间的目的时，TOP5% 领导者和 TOP5% 精英的回答明显不同。

TOP5% 领导者不是为了自己留出机动时间，而是为了员工能主动来找自己说话。比起主动和员工说话，**TOP5% 领导者更愿意下功夫营造轻松氛围，空出时间**

让员工主动前来交流。 的确，从下属的角度来看，比起一个日程满满的上司，自己更愿意主动跟一个有空闲时间的上司说话。

比起自己主动说，TOP5% 领导者更希望让别人主动找自己交流，因此才会刻意做出有空闲的样子。而为了留出时间上的富余，TOP5% 领导者会努力改进工作方式，如进行会议改革、统一资料模版等。一定会有员工感受到 TOP5% 领导者的这种用心，当员工看到领导者为了自己而留出时间所做出的种种努力时，自然就增加了对领导者的信任感，并产生了感激之情。

如此，即便 TOP5% 领导者真的很忙，也不会让员工看到。如果团队成员愿意主动向领导者询问"您现在有时间吗"，那么整个团队的合作会非常顺利。

在项目开发会、企划会、讨论会、提案会上，如果员工主动询问领导者"我能说两句吗"，那么好点子的提出、创意的产生就容易多了。

4 年来，我参与了 19 家公司的 17 个开发项目。这 17 个项目中，只有 2 个是在会议上提出了构思，其余 15 个项目的构思都是在会议之后，在前台、走廊，员工主动和其他部门人员、和领导者的交谈中产生的。

线上会议结束后，领导者多待上一会儿，也会有人主动找来："您现在有时间吗？"在公司上班或是远程办公方式下，若一个团队中能建立一种成员之间轻松交流的环境，那么团队的合作就一定能顺利。一个有着协作配合的团队文化、成员间不用过分小心、交流氛围轻松的团队，一定能顺利发展。而这一切都需要 TOP5% 领导者事先做好准备。

行动 4：寻找深层原因，让团队成员自主思考

出现问题时，人们往往会用自己认为正确的方式来看待事物。但一旦人的观点在客观上不正确，就无法看到问题的本质，从而无法解决问题。如果公司和

客户之间观点不同，有时不但解决不了问题，反而会造成关系的恶化，导致无法弥补的结果。为了认识到这种观点上的差异，我们要用"对方的视点（关注点）、视野（关注范围）、视线（关注立场）是什么"来看待问题。

人与人之间的相互理解必不可少，只有接受每个人都有自己的"视点""视野""视线"，彼此之间才能相互理解。

普通领导者优先考虑解决眼前的问题，从而会立刻思考解决问题的方法。但只在短时间内解决表面问题，难免还会重蹈覆辙。TOP5% 领导者意在从本质上解决问题，所以会倾注热情来查明问题的本质，因此，他们不会急于思考如何解决问题，而是深究问题产生的根本原因。

逻辑思考、设计思维也告诉我们，要想看清问题的本质，就有必要深挖问题产生的原因，如："问题出在哪里？""为什么会出现这样的问题？""为什么避免不

了这样的问题？"重复多次"为什么"就能找到根本
原因。

TOP5% 领导者非常清楚，在深挖原因的过程中，
找到影响问题产生的重要因素并思考解决办法，才能从
本质上解决问题。

通过 AI 分析 TOP5% 领导者在处理危机、解决问题
的讨论会上的发言，我们发现他们多用"原本""也就
是说""本来""再加上"这样的表达方式，这足以表明
他们想要寻找的是问题产生的根本原因。

TOP5% 领导者指导团队成员工作时，也不是只告
知员工怎么做，而是通过定期进行一对一交流，亲自和
员工一起思考问题发生的原因。团队成员只有像这样产
生思想上的飞跃，才能改进之后的行动质量。

**想要建立一个团队成员都能自主思考、自主行动的
高自主性组织，寻找深层原因的过程必不可少。**

行动 5：避免在交流中使用指示代词，
2 倍提高对方记忆效率

"表达自我"是以自己为中心，而"达成共识"是以对方为中心。TOP5% 领导者以让对方自发行动起来为目标，他们看重达成共识，所以会强调视觉上的作用。

人能长时间记住重要的信息，也能随着时间遗忘不太重要的信息。心理学家赫尔曼·艾宾浩斯（Hermann Ebbinghaus）用曲线表示出人的遗忘规律，创造了遗忘曲线。根据遗忘曲线，我们可以得到以下数据。人在记住一篇文章的内容后，会在接下来：

- 20 分钟后遗忘 42%，记住 58%；
- 1 小时后遗忘 56%，记住 44%；
- 1 天后遗忘 74%，记住 26%；
- 1 周后遗忘 77%，记住 23%；
- 1 个月（30 天）后遗忘 79%，记住 21%。

接触过的信息如果不被反复运用，就会被遗忘。如果加以输出复习，记忆的稳定性就会得到提高。

通过视觉、听觉获得的信息，首先会短暂保存在大脑的海马体内，但保存时间只有 2 ～ 4 周。保存在海马体的信息如果被使用 3 次以上，就会被大脑视为重要信息，继而被转移到颞叶内长期保存。使用信息则是指写出来、读出来等某种利用肌肉作出的表达，即输出。

我们在前文说过，TOP5% 领导者说话简洁、重点突出。对比线上会议的发言情况，我们能看到 TOP5% 领导者的发言频率是普通领导者的 1.2 倍，而发言时间却是普通领导者的 0.7 倍。比起面对面交流，TOP5% 领导者在线上会议的发言次数减少了 17%，且可以看出 TOP5% 领导者的发言更加简短，表达更加简练。同时，TOP5% 领导者也会避免因为语言太过简洁而难以达成共识，所以会格外注意使用谨慎的书面语进行表达。

我们用 AI 将会议发言转换成文字，通过文本挖掘的分析方法对文字进行解析后，发现 TOP5% 领导者使用指示代词的频率极低。指示代词是指"那个""这个"等词，例如，在团队成员参加的例会上，基本上大家都了解事情状况，信息是共享的，所以会议上具体讲的是什么事情，大家都能明白。但指挥众多成员的团队领导者，如果不点明会议主题，就容易引发成员思想上的混乱。虽然使用指示代词能缩短发言时间，但 TOP5% 领导者为了让交流双方达成共识，会精心挑选词语进行表达。

这种"表达自我"和"达成共识"间的差别，在进行 TOP5% 领导者和普通领导者的对比时更为明显。普通领导者在例会上发言更多，他们中的很多人表达冗长，一句话来来回回地说，但在 TOP5% 领导者身上几乎看不到这种现象。TOP5% 领导者以对方为中心，追求与对方达成共识，所以会尽量让对方来讲。对方主动讲完，TOP5% 领导者再通过对方的反应，来判断对方是否理解并接受了自己的观点。TOP5% 领导者能敏锐感受到对方的反应，如果对方没有理解或是没有完全听懂自己的想法，他们就会灵活地改变自己的讲话方式。在例会上，如果团队成员没有明白自己的意思，TOP5% 领导者不会责备他们，而是反省自己说明的方式是否有问题。

　　这种灵活的交流方式也降低了指示代词的使用频率。那么，可以用什么来代替指示代词呢？通过 AI 分析，我们发现 TOP5% 领导者使用形容词、副词的频率比普通领导者多 20%。尤其是在说明事情现象、状况时，TOP5% 领导者会更多地选择用形容词、副词。我们在查看了多个 TOP5% 领导者相关情境的录像后，发现他们的说明很生动，以致听者能浮想出具体的形象来。**TOP5% 领导者为了让对方也能如实想象出他们头脑中的形象，会十分注意词语的选择。也就是说，他们使用语言这一手段来传递一个形象，目的是想让对方在脑海中浮现出同样的形象来。**当我们意识到这就是"达成共识"时，会恍然大悟。

　　脑科学和有关交流技巧的理论都表明，人在交流时想传递的不是语言，而是形象。人会使用语言、表情等手段向对方传达一个形象，对方则通过语言将大脑中听到的话语转换成一个形象，若自己想传递出的形象和对方反馈回的形象不能完美重合，就会产生认知上的偏差。

TOP5% 领导者并非都了解大脑结构，但仍在无意识中选择了能传递同样形象的语言。如果使用"那个""这个"去指代事物，对方的大脑就会疲于思考这些词到底指的是什么，从而容易引起事物形象上的不一致。

基于这一机制和 TOP5% 领导者的发言特点，我们提出了让普通领导者在与员工交流时尽量不使用指示代词的规则，结果提高了交流对象的满意度，有的甚至使员工对接收到的信息的记忆率提高到原来的 2 倍。

为了能和对方达成共识，领导者使用恰当的语言表述，让对方也在大脑中建立同样的形象。这种交流方式不仅适用于谈话，也同样适用于撰写资料、商业洽谈。

行动 6: 建立平等关系，与团队成员共同成长

领导者和团队成员并不是简单的上下级关系。领导

者并没有多么了不起，他们与成员之间更多的是合作关
系，并有一定程度的依存。团队成员也不能只完成领导
者交代的事情，还要自主思考，自主行动，并将行动中
学到的东西反馈给领导者。

领导者也要和团队成员一起思考、一起行动，根据
即时反馈的情况，决定整个团队的前进方向。TOP5%
领导者为了不让队伍松散，需要保持客观的视角，定期
听取包括团队成员在内的第三方的反馈。这不是拍马
屁，也不是过度敏感，而是和团队成员互相支持，实现
共同成长。

在这种平等的关系中，不需要同情。同情是指上位
者对下位者的一种情感，意在哀怜对方的痛楚，它产生
于怜悯，因而本身就处于难以控制的状态。

而共鸣是指互相信任，是从尊敬中产生的情感上的
共享。它既不体现出上下级关系，也不是依存于某一方
的关系，而是一种肩并肩、平等的伙伴关系。共鸣与
同情的区别见图 5-2。

	共鸣	同情
关系	相互尊重、相互信赖	依存关系
关心	对方 关心 自己 对方 自己	自己 关心 自己 对方 自己
情感	始于信任，可控	始于怜悯，不可控
距离	近	远

图 5-2　共鸣与同情的区别

　　在平等关系中，给予对方关心就是共鸣。而同情之心，与其说是关心对方，不如说是关心自己，可以说是一种以自我为中心的情感。密切的关系能相互产生共鸣，疏远的关系则容易造成以第三人、旁观者视角施与的同情。从这一点上，可以说共鸣能加深关系，同情会离间关系。

　　团队成员肯定期望共鸣，不希望被同情。TOP5%领导者十分清楚共鸣和同情的区别，所以在和团队成员对话时，决不会怜悯成员，也不会居高临下地看待对方。他们通过闲聊和商讨，建立和员工的信任关系，缩

短彼此的距离，共享时间和空间，共同思考、共同行动。领导者亲自行动，也能带动团队成员行动起来，这是回报性原则在起作用，因为员工看到领导者在行动，会觉得自己也要行动起来，这赋予了员工工作上的动机。

共同思考、共同行动，就一定有得失，成功时也会有收获心得。72% 的 TOP5% 领导者说过，"成功的时刻也正是学习的时刻"。

当我们询问 TOP5% 领导者，在 PDCA 中最重视什么时，得到最多的回答是"检查"。与此相对，TOP5% 精英和普通领导者更重视执行。的确，即便计划制订得马马虎虎，只要付诸行动，就容易出成果。但如果目的只在于行动本身，那么执行增加的就只是行动数量，而无法提高行动质量。

TOP5% 领导者追求行动数量和行动质量两方面的共同改善，所以首先行动起来，通过反思修正行动，从而提高行动数量和行动质量。

TOP5% 领导者提升人际关系的 3 个小技巧

1. 乐队花车效应

乐队花车原指"行进在游行队伍最前面的乐器演奏花车",现多指跟风、交予大众评判、顺应潮流等。乐队花车效应在于人在遵循大众的选择时能获得安全感,所以自己也容易做出同样的选择。

"90% 的通信公司会采用 ×× 公司的产品""顾客满意度第一"这样的宣传能给人带来安心感和稳定感,从而吸引客户购买。

"销量第一""获 ×× 奖"这样的宣传也是乐队花车效应的一种体现。通过宣传"很多人都会选择该商品",从而吸引更多人购买的手段,可以广泛应用于公司宣传片片头。

2. 单因接触效应

单因接触效应是指通过反复接触，人们对接触对象的好感会有所提高的心理。

我们可以多见几次客户，从而让客户对我们产生好感，这样业务就容易推进；多做几次商品宣传，让消费者对商品产生好感，这样就容易提高销量。需要注意的是，一旦在见面的一瞬间给对方留下了负面印象，那么增加接触频率可能也提高不了好感度，由此可见第一印象是多么重要。这个道理也适用于其他事情，例如，人们会在最初的 10 秒内判断自己对一份材料的消化程度，如果材料运用了尽可能少的文字（105 字以内）和较少的色彩（3 种色彩以内）突出重点事项，就不会让人感到阅读上的疲惫，从而产生好感。

3. 特别礼遇

这是一种通过给予对方特别礼遇，以获得对方好感、信任的技巧。

人一旦受到特殊待遇，就会情不自禁地感到高兴，如接到"会员限定促销"的邮件等。如果和对方倾诉烦恼时用"这些话我只对你说"的说法，会更容易获得对方的信任。提案资料如果被客户拿来和竞争对手做比较，"只对贵公司""截止到本月底"等带有限定感的表达也会对自己很有利。

TOP5% 领导者会无意识地自然使用上述技巧，提升良好的人际关系，并打动对方。大家可以记住这些技巧的效应，并在实践中加以使用。如果事后觉得"没想到这么有效"，就请多加实践。人一旦改变行动，有所领悟，就能改变意识，而人的意识一旦发生变化，就会乐于尝试各种挑战。请各位也一定尝试做一些小的行动实验，改变自己的某些行为方式。

行动 7：支持互相鼓励，通过夸赞激发他人能量

领导者会和员工做一对一交流，其目的之一就是激

发对方的能量。但领导者也不能频繁表扬员工，有时也需要指出员工的错误，通过严肃的教育帮助员工成长。我们在看过 TOP5% 领导者和员工的一对一交流录像后发现，TOP5% 领导者基本上都能主动引导员工多说话。当员工要求领导者提出反馈时，TOP5% 领导者还会指出其优点与缺点。

　　TOP5% 领导者和普通领导者很大的不同，在于夸赞员工的重点以及方式。TOP5% 领导者会夸赞员工的能力、感受、行动，表现出对员工的兴趣和关心。日常工作中，他们还经常和员工闲聊，认可其细小的进步和成长作为工作上的反馈。TOP5% 领导者不仅自己夸赞员工，还积极推动团队成员之间互相鼓励。某制造业的 TOP5% 领导者给予员工积极反馈的比例，比普通领导者高出 2.8 倍。

　　另外，TOP5% 领导者还经常通过第三人来间接表扬员工。除了直接向员工表达"谢谢你一直以来的支持，给了我很多帮助"外，他们还会通过第三人的表扬内容让员工的喜悦感倍增。例如，他们会说："×× 先生非常感谢你。你总能亲力亲为帮助伙伴，谢谢你。"

这样做的理由有二：一是出人意料地提到第三人的名字，会让员工有意外惊喜；二是领导者的这种表达方式，也会让员工有如下的感激之情。

"领导还能知道别人对我的看法，太厉害了。"

"领导在默默关注我，真让人高兴。"

领导者对员工表现出兴趣、关心时，会让员工对领导者产生感激之情。

领导者若要进行一对一交流，就要事先对员工的情况做一番了解。"你曾经这样做过"，哪怕能说出这样一点儿对员工的简单回忆，都能活跃谈话气氛。TOP5% 领导者会事先查看员工的工作表和业绩，并确认他们的健康状况和发展情况。只要事先做好了准备，就可以说一对一交流、公司内部会议已经有了 80% 的成功率。

TOP5% 领导者对员工的反馈很有特点。他们会在谈话的最后，针对不足，向员工提出改进的建议。为此，他们会先肯定员工的一两个优点，营造员工乐于接受建议的氛围，再提出需要改进的地方。普通领导者有时会直接指出员工的错误或给出消极评价，而对这样的反馈，半数以上的员工会置若罔闻，导致建议起不到任何作用。

心理学家罗伊·鲍迈斯特（Roy Baumeister）曾指出，"一个负面信息带给人的影响，需要 4 个正面信息才能抵消"。TOP5% 领导者虽然不一定会提到 4 个正面信息，但十分注重先去多表扬员工的优点，从而努力让员工乐于接受关于改进不足之处的建议。

AI 分析でわかった

トップ5%

リーダーの習慣

第6章

TOP5% 领导者的工作习惯
在实际中的 7 个成效

TOP5% 领导者	普通领导者
会前闲谈增加发言人数。	开会时怕耽误时间直奔主题。
利用反思重新发现可以改进的地方，减少加班时间。	工作太忙，无法保证每周留出反思时间。
点头示意，创造敞开心扉交流的氛围。	没有点头的习惯。
活跃氛围，让线上参会者打开摄像头。	要求会议全程打开摄像头。
提高员工参与度。	劈头盖脸一味下指示。
和员工多交流来提高工作效率。	囫囵吞枣地照搬其他公司的成功模式。
减少对各方面的依赖程度。	过于依赖优秀员工。

成效 1：会前闲谈增加发言人数

2019—2021 年的调查表明，一个具有心理安全感的团队，不管是在公司办公，还是远程办公，都更容易实现团队目标。而心理安全感是指一种不管别人说什么，自己都能感觉到安心的心理状态。

过于小心或过度揣度都会降低工作效率。我们调查过 826 家客户公司制作的 PPT 资料，发现其中有 23%的内容是出于对上司、客户的过度揣度，并不是来自上司的要求。通过进一步的跟踪调查，我们还发现这些因过度揣度而制作的资料中有大约 80% 并没有得到有效利用。这说明那些被认为"或许有必要""一定很重要"的资料内容，有 80% 是没有必要的。

我们又请 25 家公司配合调查，比较了在匿名问卷中 70% 以上员工回答"有心理安全感"的团队和 70%以上员工回答"没有心理安全感"的团队。结果发现，回答"没有心理安全感"的团队，会议时间普遍较长，这些团队所在的公司平均比一般公司花在会议上的时间多出 20% ～ 30%。同时，为了会议本身进行的讨论也很多，如"在例会前确认相关事项""为了会议召开的事前通气会"，而为了不惹领导者发火，员工会一点一滴收集他们认为可能会有用的信息，在征得多数人的同意后，才提交到正式会议上。因为员工无法直接询问"经理，我做了这样一份资料，您看看可以吗"，所以才会花费大量时间准备各种形式的资料、数据。

员工若带着顾虑参加会议，就无法做到在会议上主动地率先发表意见或提出问题，因为他们认为"不发言最安全"。如果缺乏心理安全感，即便和领导者一对一交谈，也无法顺利沟通。员工为了不激怒领导者，会避免暴露自己的缺点，减少发言次数。他们不会主动提议，而是一直等待领导者发出指令。员工不主动说话，就会造成领导者单方面讲个不停，交流最后变成了领导者不断重复自己过去的闪光点，并不断指责员工缺点的局面，这样的恶性沟通不会有任何效果。

这种做法根本不能鼓舞员工的士气，也不能让他们更好地投入工作。

普通领导者重视通过报告、联络、商谈建立和员工的信任关系。也有的领导者担心疏忽大意会被员工瞧不起，因而采取强势态度。一旦上司和下属形成上下级关系，导致命令型结构组织出现，就无法建立员工自主思考、自主行动的高自发性组织。

比起报告、联络、商谈，TOP5% 领导者更看重闲谈，希望和员工建立能轻松闲聊讨论的关系。TOP5%领导者本就擅长建立能持续运行的机制，因而也使闲聊成了一种机制。

信息通信服务及制造业的 TOP5% 领导者，将团队例会前 2 ～ 3 分钟的闲聊形成了固定形式，他们会先聊些和工作无关的事情，活跃气氛。线上会议开始之前几分钟的闲聊，比面对面形式的线下集体会议更能带动气氛。领导者会选择一些日常的话题，且不会只是自己一个人讲话，而是尽可能多地让员工发言。例如，"午饭是自己做的还是在便利店买的？我喜欢吃便利店的咸味饭团……"选择和饮食有关的话题，可以让大家都参与进来。将自己展示给对方，容易形成双向交流，有些员工可能没有职业棒球、游戏等兴趣爱好，但饮食、天气，是任何人都可以参与进来的话题。TOP5% 领导者不是为了聊天而聊天，通过闲谈寻找和员工的共同兴趣点，才是其目的所在。找到彼此之间的交集，就能很快减少大家的距离感。

会议开场时的闲聊主持人，在团队内部由成员轮流担任，这一角色依次引导其他成员展开话题，自己也要发言，这样做能实现两个目的："提高团队活动能力"和"防止员工被孤立"。

　　我们在 25 家客户公司展开了闲聊规则的实验，考虑到定量化规则更容易执行，所以把规则定为"公司内部会议开始的前 2 分钟为闲聊时间"。某流通业的客户公司表示，24% 的员工不想聊家人情况，所以我们要求其他客户公司也避免提到家人。为了进行验证比较，我们也随机进行了没有闲聊环节的会议。有些公司还录下实验会议开场的情形，方便我们做规则变化前后的比较。

　　经过长达 2 个月的实验，我们得出以下结论：有闲聊环节的会议参会者比没有这个环节的会议参会者发言次数平均高出 1.7 倍，发言者人数增加 1.9 倍。即便如此，前者在预定时间内结束的比例却多出 45%。尽管有 2 分钟的闲聊时间，也能在预定时间内结束会议，这说明其效率更高。会议一开始就气氛轻松的话，参会者就更有可能积极发言，提议会变多，决议的形成会更顺利，会议结束之后还需要反复讨论的情况也会变少。若能推心置腹地交流，效率也会提高。当然，也会有参会者因搞不清氛围就发言，从而导致冷场的情况发生，但比起这类消极影响，实验显示进行闲谈对提高会议效率的积极影响更大。

"开场 2 分钟"这一数字化的指令推行起来很方便，现在已有很多客户公司使用这一方法并不断深化。比起要求员工"随便聊"，"会议的前 2 分钟可以随便聊聊"的提法，更能减轻参会者的精神压力，也更容易推行。

实验效果通过员工的口口相传，在公司内部得以传播。"开场 2 分钟"不再是硬性规则，而形成了一种公司文化。

TOP5% 领导者主持的"完美会议"

你参加过这样的会议吗？

大领导一声令下："大家拿出好办法来！"会议室瞬间鸦雀无声。即便之后有人鼓起勇气发表意见，也会被领导全盘否定。年轻的员工提出："可以在社交媒体上做宣传，能吸引到更多的顾客！"但领导否定道："我们的竞争对手不是已经这样做过了吗？我们再做，没有新意。"又有勇敢的员工提出："那我们给老客户发邮件，邀请他们参加活动，怎么样？"没等他说完，就遭到了领导的反驳："上次已经做过了，不行。"……大家逐渐不再发言。这次会议没有讨论出任何有效办法，从而需要再开一次会议继续讨论。不会有人愿意在这样的会议上发表建议。

Cross River 公司分析了客户公司共计 8 000 多个小时的会议录像，结果表明，不出成果的团队领导者主持的讨论会往往是上述的局面。那么，我们应该怎么做呢？这需要我们搞清楚会议的主题和形式。会议主题一般可以概括为"共享信息""商讨提案""表决意见"三种。上述会议中，员工提案反复被否定，可见这是一种商讨提案和表决意见在同时进行的会议，实际上不会有任何成果。

解决这个问题的方法很简单。我们需要将商讨提案和表决意见分开进行，这样，提案数量就能增加，会议时间也能压缩约 11%。

商讨提案的会议要保证提案数量。领导者一开始不必要求大家拿出多好的主意，而可以说"不管什么样的想法，都可以提出来"，从而让大家先说一些或许无用的意见。领导者对最先提出建议的参会者给予称赞、认可的反馈，这会让其他人觉得"这样也可以啊"，进而激发大家不断提出更多建议。有了足够的提案，就为表决意见提供了丰富的材料，会议就容易产生成果。这一系列流程可以不由领导者亲自引导，而由领导者指定一个人来做，或是每次让员工轮流引导，以此提高整个团队的能力。

在表决意见的会议中，重点在于决策人必须参加，并尽量精减会议人数。会议一开始要先讲清楚表决方式，并随着会议的进行，自然而然地得到表决结果。例如，在会议一开始就说明表决原则是根据少数服从多数，还是根据投资回报比；是优先考虑可行性，还是优先考虑由最高级别的领导者决定……这些都需要在会议一开始就说明白，再进行意见表决。按照这样的会议进程，表决结果自然会出现。

领导者要做到减少不必要的会议，取消那些只要坐着就可以的、毫无意义的会议。另外，会议上不要同时进行商讨提案和表决意见。在商讨提案的会议上，领导者要学会忍耐，不去打断发言者，拿出不管何种观点都能接受的态度。在此基础上，再在表决意见的会议上明确表决原则，并得出表决结果。这就是 TOP5% 领导者实践的"完美会议"模式。

成效 2：通过反思减少加班时间

很多公司采用了领导者和员工间的一对一会议制度，在我们对 805 家公司进行了问卷调查后，发现有 57% 的公司定期召开一对一会议，并将其固化成一种制度。

TOP5% 领导者在一对一会议中，会努力想办法让员工比自己多说话，这是为了让员工自身成为表达的主体，带着主观认识来交流。一对一会议对于员工而言，是能静下心来思考的、非常宝贵的反思时间。这段时间不是为了让员工说明企划书制作得如何、开发是否按照计划进行等情况，而是让员工针对不同情形表达意见，例如，当企划书不通过时"你怎么想"，工作进展慢于日程安排时"如果是你，会怎么做"，然后，领导者会认真倾听员工发言，进一步深入思考。TOP5% 领导者会尽量不反复询问"这是为什么""那又是为什么"，因为一旦这样做，就会让员工觉得领导者在质问自己如何解决问题。因此，TOP5% 领导者会先向员工表示自己也有同样的感受，他们会去理解员工的想法，而非不分青红皂白地加以否定。他们首先听员工说，而不会立刻给出解决方案的提示，归根结底，是在给员工留出时间，让员工自己寻找答案。他们会向员工表达自己的关怀，鼓励员工努力挖掘问题真相。**TOP5% 领导者提问时，不会用"是或否"的封闭式提问，而是采用"你怎么想""为什么这么想"的开放式提问，激发员工深度思考。**

在如今日新月异的时代，对于公司和个人而言，保证一定的反思时间是决一胜负的关键。人一旦停止思考，就意识不到成果的显现和变化的发生，个体和团队的进步也会就此停滞。

TOP5% 领导者实践的反思工作，不只关注错误、失误，还以一种俯瞰的视角，客观看待自己的行为。站

在客观角度的领导者能通过提问的形式，让员工深度
思考。

　　"现状就是这样，目前为止，我们是这样走过
来的。那还有没有什么更好的方法？"

　　为了今后能取得更好的成果，面向未来进行思考，
是反思的特点。通过反思，能得到新发现、新体会。而
通过新发现和新体会，能改进行动，在一对一会议中进
行确认，并在下次的一对一会议中反思改进后的结果。
也就是说，这样能建立起一个良性循环：在发现的基础
上创立假说，然后不断加以验证，这就是改进行动的机
制。不过，改进的幅度如果过大，会导致精神上的障碍
更加明显，从而增加放弃行动的可能性，所以领导者可
以让员工先改进一小步，在实际感受到变化之后，再在
此基础上朝着下一步目标努力，这样就能将行动的改变
固定下来。

　　TOP5% 领导者制定了"一对一会议的 5 个规则"，
将他们践行的有效的一对一行动模式推广给其他领导者。

一对一会议的 5 个规则

- 不是一味由自己说，而是将 70% 的时间留给员工说，并认真倾听；
- 不要连续问"为什么"；
- 不要只指出员工的错误、失误，而要一起思考问题产生的原因；
- 和员工一起反思，自己也要做行动实验；
- 改进行动后，要和员工一起反思。

　　尤其是最后一条，很有效。自己在工作中是否做了无用功？有没有可以简化的部分？通过反思，领导者或许能发现"能更顺利推进的工作""可以不用做的工作"和"可以交给别人完成的工作"。对于能更顺利推进的工作，员工也可以和领导者或工作伙伴商量："您现在有时间吗？"这样或许能让工作完成得更加顺利；对于可以不用做的工作，直接拒绝就好。通过这样的反思，员工一定能重新发现一些可以改进的地方，而从开始反思的那天开始，员工只需做到逐步改进就可以了。

　　我们曾建议某制造业的客户公司规定"每周五下午
3 点开始，全体员工进行 15 分钟反思"，并让其先试行
了 3 个月。员工不用一一汇报反思内容，只需要看看
记录在记事 APP 或记事本中的每周的日程安排，进行
比较即可。若发现自己在一天中浪费了 10 分钟的时间，
那么便可知一个月累积浪费的时间就是 3 个半小时。

　　这家制造业公司实行了 3 个月每周一次的全员反
思，结果发现和上一年同期相比，公司减少了 18% 的
加班时间。对于节约下来的时间，有的员工计划用于提
高工作技能，还有的年轻员工利用这段时间提高了工作
价值指标。

　　领导者自身通过反思，在管理工作方面也有了新的
变化。团队整体的管理机制若能高效运转，团队业务水
平自然也能改善。最终，团队成员可以各自通过反思，
从根本上提高整个团队的能力。而越是保守的领导者，
通过这项改进得到的新发现就越多。

　　也有的人表示工作太忙，无法保证每周留出 15 分

钟的反思时间，但越是工作繁忙，就越有必要通过反思决定要放弃的事情。坚持 2 个月，反思就能养成习惯。

成效 3：点头示意提高工作价值

前面我们讲过，TOP5% 领导者擅长让员工多表达。为了激发员工行动，他们不会只是一味地自我表达，而更多地追求双向交流。他们首先会通过闲聊、表情管理让员工有心理上的安全感，以便员工能安心讲话；再结合开放式提问、封闭式提问，激发员工思考。员工的兴致一旦被激发出来，TOP5% 领导者就会让员工更多地表达，进一步调动员工的情绪。任职于某综合贸易公司的一位 TOP5% 领导者告诉我们，"让员工主动说比让员工被动听，更能激发其主动性"。

同时，我们也对 2.9 万名下属员工进行了调查，问题是"说一说你乐于与之交流的领导者特征"。回答中，最多的一项特征是"有愿意认真倾听的态度"，排在第二位的是"日常交流多"，排在第三位的是"让人有安全感，擅于营造让人愿意表达的氛围"。这些回答都和交流气氛有关。

为了搞清楚排在第一位的"态度"和排在第三位的"氛围"究竟是什么，我们分析了 TOP5% 领导者在线上会议、一对一会议中的对话。在掌握了 217 名领导者做倾听者的 500 个小时的录像后，我们得到了以下数据，从中发现了 TOP5% 领导者之间的共同点和他们与普通领导者的区别。

- TOP5% 领导者的点头幅度在 30 度左右，他们的这一动作幅度比普通领导者大 33%；
- TOP5% 领导者每次点头平均用时 1.1 秒，是普通领导者点头速度的 1.5 倍；
- TOP5% 领导者在对方讲话时的发言次数为每 10 分钟 0.2 次，不到普通领导者的 1/3。

在这些数据的基础上，我们在某精密仪器公司每年召开 4 次管理层研讨会，强制要求领导者每月进行一次一对一会议，并在日常对话中遵守以下关于点头的 3 个规则。

点头的 3 个规则

- 有意识地使劲点头，做到在线上交流时，点头幅度能从摄像画面中被明显观察到；
- 有意识地缓慢点头；
- 在对方讲完话之后，在心中默念一下"嗯"，再开口说话。

从 2020 年 5 月开始，我们对该公司 62% 的领导者进行了为期一年的实验，实验要求他们基于以上 3 点开展和下属的交流。38% 的领导者虽然参加了研讨会，但并没有改变行为，更没有形成习惯。不过，我们于 2021 年 4 月进行的员工工作价值调查中，发现这家精密仪器公司的员工工作价值指标上升了 3%。其中，养成了上述 3 个点头习惯的领导者，其团队的工作价值指标平均提升了 6%。我们无法直观地观测到这一效果，但可以通过数据了解到，这些团队的指标都有所提高。更让人感到高兴的是，63% 的养成了点头习惯的领导者告诉我们："和员工的对话变得愉快了。"

虽然我们未曾推导出准确的关联性，但可以确定，只要领导者拿出认真倾听的姿态，创造出一个让员工乐于敞开心扉交流的氛围，就一定有助于双方对话的进行。

成效 4：活跃氛围，让线上参会者打开摄像头

2020—2021 年，我们向 178 家公司提供了名为"达成共识的线上交流术"的讲座。在讲座中，大家问得最多的问题是：如何让线上会议的参会者打开摄像头？

这是因为，说话者想要通过对方的表情来确认其是否理解了自己的意思，会议的发起者也想通过镜头确认参会者是否在听。如果会议发起者总担心"参会者是不是还在做别的工作""他是不是在开小差"，就无法集中注意力参会。而说话者若能在观察到对方喜怒哀乐的情况下讲话，也能灵活调整自己的表达方式和讲话内容，因为人们能通过观察对方的眉目、嘴巴，甚至口角的变化，判断出对方的情绪。若完全看不到对方的表情，说话者就会感到不安。

但对参会者来说，不打开摄像头让人能更自在地参会，因为这样一来，参会者既不需要整理发型、梳妆打扮，也不会让别人看到自己的居室环境。脑科学家的研究表明，将面部一直暴露在人或镜头面前，容易对大脑造成压力。

远程办公不受限于地点，若要团队成员实现共同协作，就要确保他们心理上的安全感。当然，过度的小心谨慎会降低工作效率，交流不充分也会造成无效工作和精神疾患等负面压力。人们都愿意按照自己喜欢的方式工作，这会让他们感到幸福，但这种自由并不意味着任意妄为，因为自由也伴随着责任。例如，到公司上班，因为不想让人看到自己的脸就蒙面出席会议，当然会受到上司的批评。然而，领导者很难在线上会议时劈头盖脸地要求员工"开会时打开摄像头"，摄像头问题也同样困扰着 TOP5% 领导者。

TOP5% 领导者把员工视为伙伴，不会认为让员工做什么都是理所应当的。他们会考虑到员工的利益，想办法更顺利地推进改变。

我们选择了 3 名制造业、2 名信息通信业、2 名流通服务业、1 名观光旅游业的共计 8 名 TOP5% 领导者，进行了一项在召开线上会议时，让参会者都打开摄像头的实验。通过这些实验取得的成果，我们发现了一些共同模式。之后，我们也考虑在其他团队、客户公司再次进行这样的实验，于是在不增加 39 家客户公司参会者的精神压力的条件下，多次进行了线上会议打开摄像头的实验。以下 5 种行为，有明显的实际效果。

1. 事先共享议程

不管是线下会议还是线上会议，准备工作对于会议成功与否起着 80% 的作用。如果不了解会议的意义、目的，参加者就只是出席而已。我们对那些在出席早间例会和每周例会时心不在焉、三心二意的人进行调查后，发现 41% 的人做着和会议完全无关的工作。当然，我们并不是否定同时进行多项工作的多重任务处理行为，但参会者不参加讨论，事后再询问会议内容，就会降低团队整体的效率。

　　因此，若想让参会者真正参与到会议中，就必须事前共享会议议程。这需要领导者在会议开始前 24 小时发送议程，并在开会通知中明确参会者的任务。会议的目的是分享信息、表决决议，还是讨论问题，如果能提前搞清楚这些问题，也能方便参会者做好准备。

　　Cross River 公司录制了 8 000 个小时的客户公司会议的录像，发现在事先共享议程的会议中，很多参会者在进入会议室时会昂首挺胸，可以看出，他们是以主人翁的姿态出现在会议室的。与此形成对比的是，在会前没有共享议程的会议中，可以看到很多参会者含胸驼背、慢悠悠地走进会议室，且就座后立刻玩起手机。一次没有事先共享议程的会议，可以说坐在椅子上就是会议的目的了。如果会议只以召集大家前来为目的，会大大降低参会者的与会动机，也有很多例会的目的可以说只是领导者单纯地希望看到员工的面孔而已。

　　线上会议也有这样的情况。我们比较了协助调查实验的 39 家公司召开的有共享议程和没有共享议程的会议情况。

在实验开始后的第一周，会议中摄像头打开的比例与之前比并没有明显变化。但在有共享议程的会议中，发言人、提问人有时会事先打开摄像头等待，而在没有共享议程的会议中看不到这种现象。实验开始后第二周的后半段出现了变化，在有共享议程的会议中，打开摄像头的参会者逐渐增加了，而只要大家注意到有一个人开了摄像头，就会有越来越多的人照做。虽然最终没能让全员都打开摄像头，但很明显，在会前共享议程的会议上，参会者更理解会议的意义、目的，从而以主人翁的姿态积极出席。而参会者的积极性也或多或少影响了他们打开摄像头的意愿。39 家公司在参加了实验之后，内部会议前 24 小时共享议程成了一种制度，由此带来的附带效果是会议时间缩短了 8% 以上。

2. 只在开场 2 分钟闲聊时打开摄像头

前面我们说过，公司内部会议采用闲聊 2 分钟的开场，能提高会议效率。如果善于观察的参会者较多，那么通过闲聊更能达到暖场的效果。闲聊并不只是说些和工作无关的事情，而其实是一种探索参会者之间共同点的交流方式。只要找到哪怕一个共同点，就能加深彼此的关系，如果参会者全员参与交流，就会产生一体感。

闲聊式的 2 分钟开场，在各客户公司那里都获得了好评，还有些 TOP5% 领导者不光在公司内部，在和客户的交流中也采用了这个办法。某制造业的 TOP5% 领导者为了让交谈对象打开摄像头，会若无其事地向员工提议：

"我们只在前 2 分钟打开摄像头，热热闹闹地闲聊几句，怎么样？"

他的这个提议是想告诉员工：闲聊＝热闹，打开摄像头＝更加热闹。其巧妙之处就在于，领导者并没有直接提议"会议中一直开摄像头"，而是用"只在前 2 分钟"的表述，降低了员工精神和行动上的压迫感。或许员工会抗拒在 1 个小时的会议中全程露脸，但只在会议最开始的 2 分钟闲聊时打开摄像头，说说笑笑，在心理上也更容易接受。实际上，大约有 80% 的员工响应了"在开场 2 分钟闲聊时打开摄像头"的提议。我们在 39 家客户公司试行了开场 2 分钟打开摄像头的实验，发现有 68% 的参会者打开了摄像头。他们之中，又有 33% 的人在开场之后仍一直开着摄像头，这证明实验的行为提高了会议效果。这种把对方的益处事先告知的做法，减轻了对方行动和精神上的压力。

这种号召力法则，有效增强了参会者在参会时打开摄像头的动力。

3. 回报性原则

TOP5% 领导者能主动打开心扉真诚交流，展示自己的弱点，创造让员工自由表达的环境。他们不会突然提问："周末过得怎么样？"而会这样表达："我上周末看了场线上足球比赛，你呢？"我们对客户公司的领导者和员工也进行了一次问卷调查。面对普通领导者的"最近怎么样""周末过得怎么样"这样突然的提问，只有约 18% 的员工认真做了回答。而像刚才举例的 TOP5% 领导者那样，在说完自己的境况之后再询问对方的情况下，78% 的员工会给予很好的回应。

这就是"自我展示"+"回报性原则"在起作用。

某流通服务业的 TOP5% 领导者坚信回报性原则，他们会自己先打开摄像头，然后等待员工随之开启摄像头。一开始大家只会觉得有趣，但慢慢地，响应的员工不断增加，我们认为一旦打开摄像头的人数超过参会总人数的 40%，团队所有成员打开摄像头的那一刻便指日可待。当全员都打开摄像头，互相可见，并纷纷表达情感及想法后，会议规则可以变成"只需发言人和提问者打开摄像头"，这样能逐步缓解参会者打开摄像头的精神压力。

之后，我们在 39 家公司再次进行了"自我展示"+"回报性原则"的实验。一开始，变化并不如我们想象的那样显著，但若是女性领导者，或是有十几年管理经验的资深领导者率先打开摄像头，响应的员工就会增加。因为有的员工一直在等待："那个人打开摄像头的话，我也打开。"若想说服别人行动，自己却没有说服他人的资格，是无法带动别人行动起来的。而自己不做，却对别人发号施令，这样的说服力同样是十分微

弱的。领导者只有自己率先打开摄像头，才有了向员工
提出建议的资格，当这种说服和对方的利益重叠时，对
方就能响应着行动起来。

"领导者都掏心掏肺地说了，那我也要坦诚相待"，
若在 TOP5% 领导者之外也广泛推进这一回报性原则，
一定很有效果。

4. 若陷入困局，就使用封闭式问题

TOP5% 领导者擅长让对方主动表达。比起自己说，
他们更重视倾听，通过让对方主动表达，提高对方的情
绪价值。但并不是所有的员工都能言善辩，也的确有的
人寡言少语，不擅长表达，而若想让这样的员工打开心
扉交流，就需要一些提问技巧。某饮食行业 TOP5% 领
导者的做法是，对两者分别使用封闭式问题和开放式
问题。

在对方不太愿意说话时，使用只需要回答"是"或
"不是"的封闭式提问，慢慢让他们开口。一旦对方开

口表达，就换成能自由回答的开放式问题，从而深度展开会话。这样一来，愿意交流的员工多了，愿意打开摄像头的员工也会越来越多。总之，对于话少的员工，通过封闭式问题慢慢让他们打开心扉，愿意开口，一旦话题触及对方的兴趣、关注点，就换成开放式问题，深度展开交流，让员工自由表达。

这一技巧是可以重复使用的，然而在 39 家公司进行的二次实验中，在使用封闭式问题和开放式问题的具体指示上却遇到了难题。所以，我们制订了一个指南，要求所有的领导者在一对一会议中，如果交流进行不下去，就使用封闭式问题；一旦交流开始变得顺利，就使用开放式问题，要争取让 70% 的员工都能说出想法。虽然实验没有取得定量的效果，但 53% 的领导者依照指南去做后反映"谈话很顺利"，不过也有 34% 的领导者反映"封闭式问题和开放式问题的切换比较困难"。所以，我们修改了指南，将其简化为"若陷入困局，就使用封闭式问题，其他时候则使用开放式问题"。于是乎，反映切换提问方式比较困难的领导者占比减少到了 9%，且回答"对话变得顺利"的人达到 51%，可以说实验取得了相应的效果。

修改后的指南在试行了 2 个月后，很多领导者反映原来在一对一会议中不开摄像头的员工，现在也打开了摄像头。对话若能顺利，对方自然愿意打开摄像头。

TOP5% 领导者已熟练掌握了让对方主动交流的提问技巧，我们可以在这方面展开深入研究，并在普通领导者中推广使用。

5. "88888" 活动

我们对约 16 万名员工进行调查后得出一个结论：当他们感受到 "认可" "达成" "自由" 的时候，就能真切体会到工作价值。别人的一句 "谢谢"、得到了提拔、拿到了奖金，这就是 "认可"；解决了一个棘手的问题、超额完成销售计划、在计划时间内完成工作，这就是 "达成"；能按自己的意愿去做自己想做的工作，这就是 "自由"。

其中，通过"认可"感受到了工作价值的员工数量最多。也可以说，员工越多地受到"认可"这一反馈，就越容易感受到工作价值。

TOP5% 领导者本就十分清楚这一点，所以他们对员工说"谢谢"的次数要比普通领导者多 8 倍。TOP5% 精英也会多说"谢谢"，但 TOP5% 领导者会表示清楚他们是对什么表示感谢。他们不会说"上次谢谢你了"，而是明确说出感谢的事项，"多谢你上周三做的会议资料，帮了我大忙"。这无疑会让员工欢欣不已。

某制造业的 TOP5% 领导者会有意识地在工作中灵活激发员工被认可的需求，她非常看重在会议中调动参会者的积极情绪。她说："会议是团队能量之源，是形成集体感之场。"当时负责采访她的人是我，她的话让我深受触动，我记下很多内容。她也试过通过摄像头激发员工被认可的需求。例如，员工一发言，她就面对镜头鼓掌；员工一提问，她就会在对话框中打出"真棒"。

除此之外，这位 TOP5% 领导者的团队在开线上会议时，全员都开着摄像头，所以我觉得这种做法应该也能在其他团队推广。

我积极推行从 2018 年开始就在很多公司普及过的"88888"活动，即让领导者在线上会议的对话框里大力表扬积极发言的员工。"88888"就是"啪啪啪"地鼓掌的意思，这样做能在会议中形成一个共享情感的氛围。

在 39 家公司进行的再现实验中，我们有意引导大家在线上会议时使用"真棒"的表情符号，以及输入"88888"表示赞成。结果超出了我们的预想，这种互相认可的行为快速在团队中推广开来，尽管仍然没有直接带动所有参会者都打开摄像头。当会议从枯燥的信息共享变为热烈的情感共享，氛围便会发生很大变化，虽然我们的目的不是为了建立一个相亲相爱的团队，因此并非在会议上只追求快乐，但友好的会议氛围有利于参会者通过头脑风暴产生创意，进而提高提案数量。

我们曾假设如果会议氛围转好，愿意打开摄像头的人就会增加，但很遗憾，这并没有得到科学证实。但至少开场 2 分钟闲聊规则和"88888"情感共享的组合使用，让主动打开摄像头的参会者增加了。我们很难定量表示会议氛围的转好程度，但可以通过调查推测领导者和员工、员工与员工之间互相认可的同心圆在不断扩大，氛围也越发活跃，从而逐渐减轻了员工打开摄像头的精神压力。

成效 5：用信息传递 3 步法提高员工参与度

科技的进步和远程办公方式的普及，提高了个人工作效率，但有时和不知道身在何处的人一起工作，也颇让人困扰。这种情况下，TOP5% 领导者的号召力就能发挥很大作用。不只是团队内部的合作，和其他部门、公司外部相关人员的合作，都需要在达成共识的基础上共同创造，用心交流。

TOP5% 领导者能协调团队成员的优势、劣势，高效解决复杂的问题。和 TOP5% 精英相比，TOP5% 领导者的号召力更具效果。主语不使用"我"，而换成"我们"，就能发挥更大的号召力。和普通领导者相比，TOP5% 领导者不会劈头盖脸一味下指示，如"什么是理想目标""什么是应该做的"。**TOP5% 领导者会深入体会相关人员的内心想法，在对方愿意接受的情况下，促使其按照自己的意愿行动。**

TOP5% 领导者的号召力，在邮件、聊天记录等公司内部文件中，也可见一斑。在制定一些公司内必须遵守的规定或请求协助处理公司内部问题时，他们起草的文件都极具特点。我们曾为 805 家公司提供过服务，看到过很多公司内部的委托文件，它们大多是引用公司发展蓝图、总裁名言的邮件，或是促进员工革新意识的内部通知，还有一些是宣布公司内部平台从邮件转为群聊的通告。

以前，公司重视的是被称为"事务联络"的公司内部文件，遵守这样的文件理所当然。但在当今时代，阶层组织被打破，一种每位员工在工作中都能自主思考、自主行动的组织结构被建立起来，文件影响力的减弱也是不争的事实。有些工作的确需要强制要求员工去做，但更多时候，领导者需要让员工产生认同，并按照领导者的意愿行动。普通员工和普通领导者的指示性文件很多时候是在"必须做，做了是理所应当"的前提下写成的，这就很难获得阅读文件的人的共鸣。现实情况也是这样，强制要求对方行动的指示性文件，并不会得到多数人的遵照执行。

例如下面这样一则指示性文件：

> 为了提高工作效率，公司更新了财务系统。今后申请经费核算时，需要提供所有批准人员的名字后再申请。如果没有写明批准人员姓名，有可能会造成经费支付延迟，请务必理解。

这是某精密仪器厂发布的一则指示性文件，但实际按此执行的员工比例只有21%。为了改善这一情况，作为上司的财务主管建议改变文件书写方式，采用以下格式：一开始写明经费申请人的受益之处，再说明具体的操作程序，最后降低行动难度。按照这位财务主管的建议，修改后的文件如下所示：

> 　　为了实现经费拨付操作自动化，今后申请经费核算时请提供批准人员姓名。只要点击以下链接，就可以直接确认。

　　改变文件书写方式后，同一家精密仪器厂，按照要求操作的员工增加到 78%。先用可见的获益吸引员工，让他们愿意当作分内事去做，再给出具体的操作程序，最后降低行动上的难度，这一模式打动了很多人。这位财务部门的主管也是这家公司人事评价中的 TOP5% 领导者，因而我觉得可以推广这种有号召力的信息传递方式。

信息传递 3 步法

- 首先说明对方可以获得的利益；
- 说明具体的操作程序；
- 降低行动难度。

　　我们在其他客户公司也推广了这个方法，而按照指示行动的员工人数的确增加了。

　　信息传递 3 步法也适用于向客户提案。如果在提案的开头部分冗长地介绍个人情况，将无法吸引到对方注意；但如果一开始就写清楚提案内容和由此会给客户带来的利益，对方就会仔细倾听。我们对 1 560 名销售人员进行的行动实验已经证明：越能让人对提案内容产生共鸣，且行动难度越小，员工按照领导者要求采取行动的概率就越高。

　　各公司的 TOP5% 领导者不会花费时间介绍自己烦琐的履历，而是会首先表明对方的受益之处，再说明要求。TOP5% 领导者的共同点在于能为他人或公司带来向好的变化。

成效 6：明确“5 个不可为”，提高工作效率

　　在进行过各种各样的行为实验后，我们发现采取会

降低失败率的战略更能接近成功。

如今，各客户公司、各团队的环境和条件都不相同，即便照搬成功模式也难以取得相同的成果。但如果我们能充分理解失败的模式，就能降低失败发生的概率。

对于其他公司的成功模式，TOP5% 领导者不会囫囵吞枣地照搬，而是习惯搞清楚失败发生的原因，以免自己触雷。例如，他们避免使用会造成对方误解的交流方式，避免让对方产生和自己本意不相符的想法，或是因一句话造成对方不快。因此，TOP5% 领导者在讲话时不以"不"字开头；一对一会议时，不以"拜托你了"开场，这些已经成为他们自我约束的法则。

我们在 39 家客户公司进行了行动实验，并尝试在团队内部普及这些法则。于是，TOP5% 领导者在一个月内严格执行了他们很是在意的"5 个不可为"（不可以使用的话语）法则。具体来说是以下几点：

"5 个不可为"法则

- 太过笼统的问候语，如："最近怎么样？"
- 事不关己的问候语，如："最近忙吗？"
- 指责性的话语，如："能不能别这么磨叽？"
- 以"可是""但是""无论如何""总觉得"等词语开始的发言；
- 远程办公中，过多使用"这个""那个"等指示代词。

　　团队不再使用"不可为"话语后，我们虽无法观测到定量的效果，但两周之后，情形确实发生了变化：一对一会议的实施率增加了 20%。我之前在微软工作时，提出领导者固定每两周和成员召开一次一对一会议的制度，但我知道有不少领导者碍于情面或不好意思，并没有彻底执行。我发现一个月一次或两周一次，定期进行一对一会议并将其固定为制度的公司比例为 60% ～ 70%。参加这次实验的 39 家公司中，会议实施率达到了 70%，其中 19 家公司的团队已经建立一个月至少进行一次一对一会议的制度。而通过实施"5 个不可为"法则，会议实施率达到了 80%。

当然也可能是其他原因带来了比例的提高，但在明确了"5 个不可为"后，回答"和员工的交流更顺畅了"的领导者比例达到 61%，显然，顺畅的交流能促进积极的行为，这一点是毋庸置疑的。交流频率增加了，员工就容易敞开心扉，增进和领导者的良好关系。

Cross River 公司对于每年接受调查委托的客户公司都会进行一次工作价值的调查。在过去 4 年间，已向 347 家公司进行了跟踪调查。调查显示，增加了一对一会议等交流方式的团队，其成员的工作价值感也提升了。

同时，我们发现如果领导者能了解降低员工积极性的不可为之处，和员工的对话就能变得更加顺畅，双方的交流频率也能增加。虽然未曾研究出其中直接的因果关系，但从结果来看，交流频率高的团队，员工的工作价值感也更高。可以说，只要不犯不可为的错误，就有可能提高员工的工作价值感。

针对 2.9 万名员工提出的问题"最讨厌的 3 种问候语"，回答统计如图 6-1 所示。

| 第 1 种 | "最近怎么样？"
下属的反应："没什么感觉。""感觉他并不关心我。" |

| 第 2 种 | "最近忙吗？"
下属的反应："看看工作日志不就知道了吗？""很难开口说忙。" |

| 第 3 种 | "能不能别这么磨叽？"
下属的反应："不希望一上来就被否定。""说话太武断了。" |

图 6-1　员工最讨厌的 3 种问候语

资料来源：Cross River 公司的调查统计（2017 年 5 月—2020 年 12 月）。

我们还将工作价值感高的员工的工作效率和其他员工进行了对比，结果发现前者的工作效率是后者的 1.45 倍。工作价值感高的销售人员达成目标的概率是工作价

值感低的员工的 1.9 倍。也就是说，员工的工作价值感
和提高工作效率，以及达成目标的概率密切相关。

从这一点来看，虽然假设多少有些牵强，但我们
可以说，只要不说 5 类不可以使用的词句，就有可能
提高工作效率。即便假设不能完全成立，我们在调查
中也并没有得出增加交流频率会导致不良后果的结论。
TOP5% 领导者会通过和团队成员多交流来提高工作效
率，而若想和员工进行更多的对话，领导者需要深度执
行 TOP5% 领导者践行的"5 个不可为"法则。这样一
来，普通领导者和员工的交流也能顺畅起来。

成效 7：两人小组制丰富人才培养的层次

要实现每年都在不断进阶的团队目标，仅靠一个人
的力量是十分危险的。如果团队里有能取得突出成果的
优秀员工，毫无疑问，其对团队的助力巨大。但如果优
秀员工调到了别的部门，或是跳槽去了竞争对手那里，
将形成难以弥补的缺失。

过于依赖优秀员工的话，一旦出现意外情况，团队的损失将十分明显，这种损失需要花费很长时间才能弥补。TOP5% 领导者会尽量减少对特定方的依赖程度，因为他们知道，对某一方的依赖越大，工作的风险也就越高。

为了丰富人才培养的层次，TOP5% 领导者会培养出一批优秀员工，并下功夫从整体上培养年轻员工，设计出最佳方案实现整个团队的最优化。

优秀员工不用管理也能出成绩，所以 TOP5% 领导者会借优秀员工的力量，将团队力量提高 2～3 倍。TOP5% 领导者还会将其与同一团队内的员工搭配成组，这也能让工作效率翻倍。

TOP5% 领导者会在水平方向上推广优秀员工的技术和知识。如果团队成员不是单打独斗，而是组建二人小组，就能灵活应对某一员工临时休假的情况或工作中突如其来的麻烦。也就是说，这能保证团队运作不受影响。因此，TOP5% 领导者通过组建二人小组，促进工作顺利开展。二人小组虽然不能保证在所有事情上齐心协力，但小组成员若事先了解彼此的工作内容、工作进展，也能在紧急情况下互相支持。在这样的二人小组里，年轻成员还能向前辈"偷师学艺"。

二人小组制度带来的最大变化，是提高了带薪休假的利用率。小组内成员是互相补充的关系，即使一个人休息，另一个人也能继续完成工作。其中变化特别明显的是优秀员工的带薪休假利用率大幅提升，以前，由于团队过于依赖优秀员工，使得他们压力过大，有人甚至出现精神疾患，最后不得不长期休假。另外，一旦优秀员工精神上格外紧张，过度的焦躁有时会让他们将脾气发泄在其他成员身上。如果能平衡好工作和个人生活，他们就能安心工作，也能减少一些目光短浅的想法，不会再因为一时的压力就跳槽到竞争对手公司。

事实上，带薪休假的利用率和离职率之间呈反比关系，只要让员工充分利用带薪休假，就能有效避免离职的发生。通过二人小组制度，团队对个人依赖的风险能够降低，员工也容易得到休假，其工作活力得到了增强。保持工作和个人生活的平衡，就能降低员工精神疾患出现的概率，减少员工突然离职的情况。

TOP5% 领导者重视行为的再现性，提倡在团队内部实行制度管理。这一管理不是指具体的行动规则，而是指制订一个能让成员感受到工作价值，并让团队持续出成果的团队方针。一位任职于某服务行业龙头公司的 TOP5% 领导者制订的方针是"个人潜心构想创意，多提以客户为导向的提案"。在这一方针的指导下，他带领的团队成员为了掌握客户状况，会主动调查客户财务信息、竞争对手公司的情况，并制订中期计划。不仅他的团队获得了社长表彰奖，其方针也被推广到其他部门。

没有规则从而欠缺行动力的团队，不是好团队。

领导者确定好团队方针后，一定要激发团队成员的主动性，这是行动的基础。做不好这一点，领导者制定的规则再完美，也无法落地实现。在我们调查的某流通业客户公司中，市场部门的 TOP5% 领导者制订了市场调查方针，在撰写企划书时，只要内容包含了向客户确认的 25 条核实事项，就很容易在内部听证会上通过。

这一行为虽然在短期内可能看不到明显成果，但只要不断按照成果去更新、修正原有方针，就能提高部门整体的听证通过率。即便是新员工，只要遵循这个规则，也能取得一定成绩。

团队方针是一个组织的根基，是建立一个自主运作团队的原点。只要团队成员理解并按照方针行动，就能形成一个既目标一致，又能独立自主思考、自主行动的组织。

在 39 家公司中，有 59 个团队具有团队方针。比起那些没有团队方针的团队，这 59 个团队的目标达成率要高 120%，工作价值感高出 18 分（以 100 分为满分），由此可见团队方针的重要性。"不依赖个人，提高团队整体综合实力"的团队方针，造就了二人小组制度，在实现团队目标的同时也提高了员工的工作价值感，可谓一举两得。

成为 TOP5% 领导者的最有效路径

AI 的强大，在于它可以瞬时分析数量庞大的数据，并洞察到我们看不到的事实。正因为利用了 AI 的高速处理能力，所以 Cross River 公司包括我在内的所有员工，可以做到一周工作 4 天，休息 3 天。AI 告诉了我们就连资深人事管理者也没有注意到的 TOP5% 领导者的特质。

在我们进行本书的调查之前，那些在公司内部作为高管培养对象、且在公司外获得极高评价的领导者，给人的印象是谈判能力高、带动团队成员发展的能力强。但 AI 告诉了我们 TOP5% 领导者身上让人意想不到的方面，即他们会脚踏实地地打造"不依赖员工动机，团队也能持续行动的机制"，通过形成事前协商的机制，利用团队战略发挥号召力。他们能成为 TOP5% 领导者，还得益于不强势的性格，良好的人际关系……

近几年，病毒席卷全球，完全扰乱了人们的生活节奏。为应对这一情况，我们只有增加行动选择，才能稳步提升自己，适应环境的变化。我们必须做好多重准备以实现目标，做到不论在何地、和谁合作，都能完成工作，并通过团队协作解决复杂问题。要想掌握这些办法，就要通过不断的行动实验找到范式。

各公司 TOP5% 领导者偶然间实践的一个行动实验，却持续地创造出了成果。我们把他们的行为习惯推广到其他人身上，出乎意料地取得了很好的效果。

现在，越来越多的领导者仍在抱怨，为工作上的失利找借口："远程办公无法很好地进行团队管理。""在病毒感染的情况下，工作很难取得成果。"确实，没有人想到世界会发生如此巨大的变化，但员工在每天面对着无法应对变化、只是愁眉苦脸的领导者时，又会作何感想呢？

"我必须不懈努力，做领导的左膀右臂"，如果你有一位这样充满正能量的员工，那真是幸运。我们有时候会觉得"上司必须优秀""没能力的上司只能带出没能力的下属"，但这些想法太过于看重结果，因为有时领导者的平庸也是因为有的员工太过优秀形成的对比。能不断创造成果的 TOP5% 领导者虽然也会叫苦埋怨，但不会胡乱指责他人，因为他们知道，对于自己掌控之外的事情发泄不满、积怨，只会浪费精力。而面对一味埋怨的领导者，员工也会受到影响，导致整个团队的士气大受打击。

TOP5% 领导者以内圈为导向，身处不断变化的外圈环境，他们会在可控的内圈中找到应该去做的事情并立即行动。不是等待优秀成员的出现，而是建立让这样的人出现的机制。

TOP5% 领导者不会把团队的成果归功于自己的实

力。把取得的成绩归因于自己"运气好"的 TOP5% 领导者是普通领导者的 4.3 倍之多，这也可以说他们很清楚运气和实力的差别。在自己无法掌控的外圈环境中，有福也有祸，TOP5% 领导者会做好十足的准备，减轻逆境到来时的负面压力。他们会在团队内建立二人小组，当一个人遇到任何问题时，另一个人也能及时给予支持。他们还会制订团队方针，水平推广优秀人才的工作方法，新员工只要加以模仿，也能在一定程度上创造成果。对于没有成果的员工，他们注意发挥其长处，和其他员工互补，就这样，TOP5% 领导者认识到成员的优势、劣势并进行加乘，将团队成效最大化。

TOP5% 领导者不会寄希望于不确定的因素，如员工是否干劲十足，是否有幸运之神的降临，能否有优秀人才的加入等。即便员工缺乏干劲，他们也会建立能持续行动的团队结构，收集能让偶然发现变成必然结果的信息，形成不过于依赖某个员工的团队机制。能在心理上平和应对变化的 TOP5% 领导者，可以说是有着超强应变能力的人才，他们能像弹簧一样自如伸缩，灵活应对变化，即便失败了也有从头再来的勇气。他们能根据不同的交谈对象灵活采取交流方式，注意观察对方，并进行有效交流，以便达成共识。他们与人交流的目的不是为了表达自己，而是促使对方行动起来。

实验表明，TOP5% 领导者自发实践的应变行为，在某种程度上具有共同点，并且能够在普通领导者身上复制推广。普通领导者虽然做不到 100% 的重现，但至少比从零开始模仿 TOP5% 领导者的行为模式更有效果，也更容易创造成果。

任何一个新行为的产生，都一定伴随着某些弊端，但如果一味顾虑弊端，就会停滞不前。在变化万千的时代中，公司若想发展下去，只要权衡发现益处大于弊端，就可以付诸实践，行动起来。TOP5% 领导者也秉持相同的行为方针，与其说他们的成功率高，倒不如说他们经过了若干次失败后才取得了成功。没有人能一下子就提高成功率，只能是在降低失败率的同时，通过反思不断修正、调整行为，并持续行动，直到取得胜利。开会、制作资料、核对数据、制作周报，这些都是十分花费时间的工作，而有的员工自以为是公司的正式员工，工作稳定，只管做好眼前的一点儿工作就可以了。

我一直坚信工作是能为社会作出最多贡献的活动。我希望自己能给予在工作上有诸多苦恼的商务人士一些勇气，告诉他们一些能取得成果的最有效的工作办法，从而减轻他们在工作上的压力。如果本书能让商务人士体会到更多的工作价值和幸福感，将是我的荣幸。

今后，变化仍将继续，我们需要更多的在更短时间就能完成的行动实验，具体内容可以参考本书的介绍，这至少能帮助大家降低失败率。短时间内给予读者朋友更多的行为选择，是本书存在的意义所在。大家应该也能理解行为的关键和线索了吧，如会议开始后的 2 分钟闲聊、线上会议时让参会者打开摄像头的策略等，请大家从今天开始就尝试去做吧。

本书的目的不是让大家粗浅了解，而是让大家学会如何去做。如果你偶然看到本书，请相信自己一定能适应外部变化，不断创造成果。将偶然发现变成必然结果，靠的就是你的行动。请行动起来，让变化发生吧。

虽然我有时也会倍感压力，但读者朋友的感想、反馈，还有在网络上的留言，都让我感受到了工作带来的巨大价值。我也会在此基础上，继续进行调查和行动实验，从而提高大家的幸福指数。

不曾行动，何以改变；不曾改变，何以幸福。

只此一句，送给读完本书的读者，与大家共勉。

未来，属于终身学习者

我们正在亲历前所未有的变革——互联网改变了信息传递的方式，指数级技术快速发展并颠覆商业世界，人工智能正在侵占越来越多的人类领地。

面对这些变化，我们需要问自己：未来需要什么样的人才？

答案是，成为终身学习者。终身学习意味着具备全面的知识结构、强大的逻辑思考能力和敏锐的感知力。这是一套能够在不断变化中随时重建、更新认知体系的能力。阅读，无疑是帮助我们整合这些能力的最佳途径。

在充满不确定性的时代，答案并不总是简单地出现在书本之中。"读万卷书"不仅要亲自阅读、广泛阅读，也需要我们深入探索好书的内部世界，让知识不再局限于书本之中。

湛庐阅读 App: 与最聪明的人共同进化

我们现在推出全新的湛庐阅读 App，它将成为您在书本之外，践行终身学习的场所。

- 不用考虑"读什么"。这里汇集了湛庐所有纸质书、电子书、有声书和各种阅读服务。
- 可以学习"怎么读"。我们提供包括课程、精读班和讲书在内的全方位阅读解决方案。
- 谁来领读？您能最先了解到作者、译者、专家等大咖的前沿洞见，他们是高质量思想的源泉。
- 与谁共读？您将加入到优秀的读者和终身学习者的行列，他们对阅读和学习具有持久的热情和源源不断的动力。

在湛庐阅读 App 首页，编辑为您精选了经典书目和优质音视频内容，每天早、中、晚更新，满足您不间断的阅读需求。

【特别专题】【主题书单】【人物特写】等原创专栏，提供专业、深度的解读和选书参考，回应社会议题，是您了解湛庐近千位重要作者思想的独家渠道。

在每本图书的详情页，您将通过深度导读栏目【专家视点】【深度访谈】和【书评】读懂、读透一本好书。

通过这个不设限的学习平台，您在任何时间、任何地点都能获得有价值的思想，并通过阅读实现终身学习。我们邀您共建一个与最聪明的人共同进化的社区，使其成为先进思想交汇的聚集地，这正是我们的使命和价值所在。

CHEERS

湛庐阅读 App
使用指南

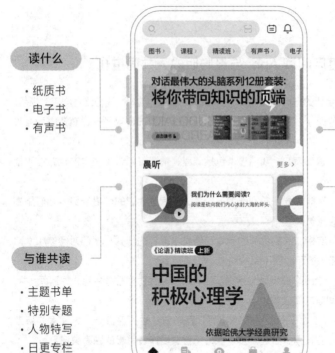

读什么

· 纸质书
· 电子书
· 有声书

怎么读

· 课程
· 精读班
· 讲书
· 测一测
· 参考文献
· 图片资料

与谁共读

· 主题书单
· 特别专题
· 人物特写
· 日更专栏
· 编辑推荐

谁来领读

· 专家视点
· 深度访谈
· 书评
· 精彩视频

HERE COMES EVERYBODY

下载湛庐阅读 App
一站获取阅读服务

图书在版编目（ＣＩＰ）数据

TOP5%领导者的高效管理秘诀 ／（日）越川慎司著；
班健译. -- 杭州：浙江教育出版社，2023.6
ISBN 978-7-5722-5880-0

Ⅰ．①T… Ⅱ．①越… ②班… Ⅲ．①领导学 Ⅳ.
①C933

中国国家版本馆CIP数据核字(2023)第085096号

浙江省版权局
著作权合同登记号
图字：11-2023-092号

上架指导：商业新知

TOP5%领导者的高效管理秘诀
TOP5% LINGDAOZHE DE GAOXIAO GUANLI MIJUE

[日] 越川慎司　著

班健　译

责任编辑：姚　璐	
美术编辑：韩　波	
责任校对：王方家	
责任印务：陈　沁	
封面设计：ablackcover.com	

出版发行 浙江教育出版社（杭州市天目山路40号　电话：0571-85170300-80928）
印　　刷 天津中印联印务有限公司
开　　本 880mm×1230mm 1/32
印　　张 7.125　　　　　　　　　　　**字　　数** 115千字
版　　次 2023年6月第1版　　　　　　**印　　次** 2023年6月第1次印刷
书　　号 ISBN 978-7-5722-5880-0　　　**定　　价** 79.90元